改变世界，以教育的方式

北京十一学校变革启示录

李斌 著

上海教育出版社
SHANGHAI EDUCATIONAL PUBLISHING HOUSE

目录

下　篇

自 序

五年前的一个下午，我在北京市十一学校媒体与出版中心和学生闲聊，这时候，李希贵校长大步流星地走了进来。“嗨，校长好！”学生热情地和他打招呼，但没有从椅子上起身。接下来，这个学生坐在那张装有五个滑轮的椅子上，在几张办公桌之间滑来滑去，就像在自家的客厅那样自由自在。

近十年来，我无数次走进十一学校，这平常的一幕却给我留下了深刻的印象。学生见到校长，不必恭敬起立表现出很有礼貌的样子，不需要把自己藏起来，或缩手缩脚地坐在校长面前。我从这样一个小细节中看到了这所中学真实、平等的师生关系。

这种师生关系是教育的基础，也是爱因斯坦希望有而未曾享有的。在老师眼里，爱因斯坦是一个“将无法适应学校教育中一些必要的纪律规定而一事无成”的学生，是一个未来从事什么职业都“无所谓”，“反正干什么都不会出色”的学生。后来，爱因斯坦对自己童年的学校提出了尖锐的批评，这也适用于今天的一些学校：“对一所学校来说，最糟糕的事情莫过于将主要精力放在树立权威，给孩子制造恐惧和压迫上。这样的治校方式摧毁了学生的健康心理和自信。”①

十一学校则树立了一个自由与自律、个体与集体相得益彰的典范，她的育人模式的改革，核心要素到底是什么？李希贵校长说：“用最简单的话说，只有两点：一是以保障学生为中心的治理结构；二是可供学生选择的课程体

① 席林. 奇才：连续突破性创新者的创意启示录 [M]. 李蒙，宫海荣，译. 长沙：湖南文艺出版社，2019：21-22.

系。”到 2019 年为止，我的工龄已有 15 年，其中大部分的时间我在寻找学校（教育）的故事。与其说我在寻找学校的故事，不如说是在努力发现理想学校的特质。而十一学校满足了我对理想学校的期待。用彼得·理查兹（Peter Richards）说的这段话来描述十一学校的特质是恰如其分的：“一家创造性组织，首先应是一个能让人自由冒险的地方；其次，它应是一个允许人们发现、发展自己天生才智的地方；再次，它应是一个不会提出‘愚蠢’问题和给出‘正确’答案的地方；最后，它应是一个重视大胆不羁，提倡活泼、动感、意外、俏皮等特性的地方。”①

当你读完这本书，你就会发现此言不虚。

我在大学和中国青年报社受过的新闻专业训练，让我学会了如何去判断一所学校校长的言行是否一致，如何做到不轻易相信他人。对名气和影响力大的采访对象，我照样会多方观察，审慎求证。十一学校的大门向我完全敞开，我可以随时走进校园，去观察任何一个角落发生的事情，向任何一位师生提出问题。这样原生态地看下来，我很快便从媒体人变成了十一学校的“粉丝”“宣传员”。

我向无数个我见到的教育人津津乐道我眼中的十一学校。我甚至认为，校长、教育局局长，如果没有读过李希贵校长的书或文章，不知道十一学校，是需要补课的。这至少暴露出他不学习、两耳不闻窗外事的问题。

我也会急切地希望一些校长、教育局局长能向十一学校学习。当然，总有人认为这不可学。尽管少有人当面直说，但我能从他们的神态、语言中读出潜台词：“十一有那么大的自由度和空间，我们呢？十一有那么多优秀的特级教师、博士教师，我们呢？十一有那么丰富的社会资源，我们呢？……”

这么想的人，没有认识到，要理解现在的李希贵和十一学校，需要回到 30 年前的高密，从一所农村中学开始，然后途经潍坊，来到北京。这样你

---

① 罗宾逊. 让思维自由：用创造力应对不确定的未来 [M]. 闾佳，译. 杭州：浙江人民出版社，2015：197.

才会恍然大悟：原来今天令人艳羡的十一，她的影子、雏形、1.0 版本早已出现在千里之外。

这么想的人，还和我犯了同样的错误：关闭了学习之门。十一学校的所作所为是我判断其他学校好不好的重要标杆之一——能确立自己观察学校的坐标是一件好事，但问题在于：有一段时间，我失去了走进很多学校的兴趣，即便走进去，也是意兴阑珊。我会拿这些学校和十一学校比，觉得它们没什么可看的。

好在我很快意识到了这种心态的危险：它让我对各种学习资源视而不见，丧失了许多学习的机会。于是，我提醒自己要像初学者那样，带着好奇心去看每所学校，不管看到的是问题还是精彩，于我而言，都是增长见识。

德国著名的投资家、企业家和畅销书作家博多·舍费尔（Bodo Schäfer）说，人们停止学习和成长的主要原因有两个。一是认为自己不能变得更好了。就像摇滚歌手大卫·鲍威（David Bowie）所言："当你觉得自己无法变得更好的那一天，你就开始持续演奏同一首歌曲。"

二是冷漠。对人类来说，这是最大的诱惑之一，因为冷漠看起来无害。"但是，除非我们能不断学习和成长，否则我们会不可避免地陷入远远低于我们应得水平的行为模式和生活方式。"①

如果你不存在以上两个问题，不妨看一看这本书。里面的文章，写作的时间跨度长达八年，每一篇文章都是我在大量调研的基础上写成的。这八年，于我而言，是通过观察一所学校艰难的变革之路，对中国基础教育重拾信心的八年，我也因此看到了一所学校蕴藏的影响社会和国家未来的力量。

十一学校在她"非常理想，特别现实"的学校转型之路上，不止一次创新，接连不断地影响和改变着教育世界。她在学校治理、课堂变革、国家课程校本化、教学改革等方面的创新，有的被写进了有关文件，有的将会塑造

① 舍费尔. 赢家法则：从财务危机到财务自由的 30 个人生进阶之道 [M]. 燕环，译. 北京：现代出版社，2019：15-16.

未来的学校。

“把十一学校建设成为一所受人尊敬的伟大的学校”，“和我们一起改变世界，以教育的方式”。这所中学的抱负不是成为中国最顶尖的学校，而是希望世界因她变得更美好。因此，她能超越一所学校在视野、名利上的局限，着眼于发展中的国家需求；能立足当下又克服当下的短视，前瞻不确定的未来。

在我看来，“改变世界，以教育的方式”，应该成为所有学校与教育人共同的追求，这也是他们存在的价值，不管其培养的是精英还是普通公民。

这本书，心存教育理想的老师可以读。在这里，你会遇到志同道合者，会看到你憧憬的教育生态的模样，你那逐渐被蒙上灰尘的教育梦可能会因此重新变得清晰起来。不管你是正年轻还是已经人到中老年，不管你是踌躇满志还是受困于职业倦怠，你都可以从十一学校的同行那里感受不断学习的魅力，并从中领悟职业发展之道。

不甘于现状的校长可以读。十一学校的故事会让你再次感慨“教育无止境”。当你将目光从大的概念和统计数据转向一个一个具体师生，你看到的将是教育的海洋。而十一学校这个制高点的存在，既会让你感到差距，又能让你看到目标。你不必成为她，只需要通过学习和行动让自己和团队变得更好。

希望创新教育的官员可以读。你将从中能够看到，一种新型的“政校关系”，不是基于管与被管，而是建立在彼此信任与相互成全的基石上。党和政府的教育蓝图，需要通过一所又一所的学校，富有创造力地去实现。十一学校的今天，是上级信任和支持教育家办学，把属于学校的空间和权利还给学校的结果。放开一所学校，将为更多孩子赢得未来。

限于能力和见识，对十一学校持续进行的影响深远的变革，对这场变革中的复杂与艰难、勇气与智慧、光荣与梦想，我无法做出全面、准确、生动的记录与解读。但愿这有限的文字能像投入池中的石子，在每一个读者的内心引起一阵涟漪。

上篇

“在十一学校，我的教育理想‘卷土重来’了。”“过去，学校是包办婚姻，不幸的可能性很大；现在，是自由恋爱，这未必一定幸福，但是，幸福的概率要大，所以人们才追求自由恋爱。”

把成功设计成危机：对话李希贵校长

2018 年 12 月 23 日，在天真蓝教育传媒主办的"新学校香山训练营"（第三期），李斌围绕"校长的权力观""校长的领导力"和"校长的学习力"等主题，与李希贵校长展开对话。以下内容根据录音整理。

校长的权力观

李斌： 昨天（2018 年 12 月 22 日），十一学校举办了高三学生成人礼，希贵校长的双手在 500 多名学生的肩膀上拍了将近 2000 次。之后，您发表了讲话，主题是："人生段考，你能证明自己成人了吗？"这篇讲话稿在微信朋友圈刷屏。您能不能揭秘构思和准备这次讲话的过程？

李希贵： 我每一次面对学生的发言，都是有准备的，而且这样的准备并不能简单说从什么时候开始的，它是一种日常积累。我平时一直很注意积累有关孩子教育的内容，比如，一个孩子到 18 岁成人的时候到底应该是什么样子。临近举办成人礼的时候，我会把很多资源翻出来查阅，寻找将日常积累串联、整合起来的线索。如果你现在去看我的办公桌，会看到堆着几十本甚至上百本书。有人问我都看了吗？没有，我其实是在用书。比如，如果我近期要研究结构和机制，我就会把涉及这个领域的书，拿到我的办公桌上，然后开始翻，看看这一本，查查那一章，做一些整合思考。

这次关于人生段考的八个问题，其实也是我从事教育以来一直在思考的。

李斌：就像我今天的访谈一样，我的准备从多年前认识希贵校长时就开始了。这一次，我把希贵校长的所有书放在一起看的时候，能够清晰地看到，现在十一学校的很多做法，源头是在二三十年前的高密，在十几年前的潍坊。当年希贵校长在高密教委工作时，用两年时间梳理制度，比如，取消自己作为教委主任的人事权，归还学校的财务支配权和会议签批权。来到十一学校后，您沿用和发展了这些做法。您似乎从不热衷于掌握权力，您的权力观是怎样的，又是怎么形成的？

李希贵：其实，我没有什么权力观，但是对这些事有一些基本的认识：权力一定是和责任连在一起的，一个人不可能承担很广泛的责任，所以，也就不应该有很多的权力。什么样的责任应该由处在什么样岗位上的人去承担。这是我们一些领导一般比较习惯做的事情：我们比较喜欢跟下属签责任状。但是你要知道，签完了责任状，后面跟着的一定是赋予他权力。如果他没有相应的权力，就没法履行责任。这样来想的话，如果我们手头有很多权力，就必然要承担很多责任，但事实上我们很多时候是不能承担的。把这个关系想清楚了，你就明白，没有必要或者说不应该有很多权力。

管理学上有一句重要的话：要让听到炮声的人指挥打仗。听不到炮声的人指挥打仗，就很可能出事故。还有一句话，是德鲁克（Peter F. Drucker）说的：决策应该放在信息获取最为充分的层级进行。就是说，谁掌握这个方面的信息更为充分，谁才有权力去做决策。因此，从权力的实施来说，我们应该把权力交给更多的人。如果权力都在我们手里，就会因不了解实际情况而做出错误决策。从这个角度出发，我们才能更好地思考，怎么去使用权力，怎么用好权力。这是我的理解。

我怎么形成这样的想法，还真是不好说。我觉得一个比较直接的原因，是我曾经在基层干过，当过老师、副教导主任、副校长，深深地体会到了那种只有责任没有权力的无奈。这种感受让我换位思考。我做校长的时候，我也思考我们的副校长、教导主任、老师，他们要做事情确实需要权力。如果校长把权力拿在手里，有时候他们不好意思去要，会很纠结、很别扭、很无奈，就会影响很多工作。后来，随着对这个事情的了解更深入，特别是通过读书、学管理学，慢慢就有了一些理性的积累，从理性上更加坚定了这个想法。

学校应建立权力分散、相互制约的治理体系

李斌：可以说是感同身受，加同理心，再加上不断地学习、理解和体会，形成了您对权力的理解。基于这个问题，我想到您曾经说过，学校转型首先需要校长放下自己的身段，从那种“无所不能”的虚假的角色定位中走出来。但我们也知道，权力这个东西一旦拥有又很容易让人变得傲慢，认为自己无所不能。我感觉这是一种矛盾，该怎么样来化解，让自己能够在拥有权力的同时，从那样一种虚假的无所不能的角色中走出来？

李希贵：这挺难的，这就是 90% 的人无法走向卓越的原因。人们非常容易把别人当面给的一些嘉许和鼓励看作是真的，这很可怕，但这又是人性的弱点。当学校的治理结构还没非常完善时，权力制约这一块相对比较欠缺。一方面，我们的权力本来就不大；另一方面，即使给你大一点儿的权力，如果没有制约，每一个处在这种位置上的人都很容易放大自己的权力。我们一方面说上面没给我们权力，没有办学自主权；另一方面又去掠夺老师的权力。你是教语文出身的校长，却去指导物理老师怎么上课；你是教化学出身的校长，却去指导英语老师怎么上课。一级一级向下传递，而且不自知，还认为自己的权力好像太小了。

要解决这个问题，靠每一个个体很难，只有极其少的人才能通过自我救赎走出来。真正要从根本上、普遍地解决这个问题，还得靠一个组

织的治理结构。从顶层设计上，一所学校应该有若干个治理主体来互相制约。那么，作为校长，一方面，我们能不能、敢不敢去这样做，把我们的权力分解，形成各方面自主决策又互相制约的治理体系；另一方面，我们分配给下属部门权力的时候，也要同步考虑上下相互制约的治理体系。这是很重要的问题。

李斌：这里我们又看到了一对矛盾。希贵校长说要破解这样的一对矛盾，靠个体的觉醒，难度很大，或者说很少有人能做到，需要靠组织结构的变革。但是，很多时候我们看到，一所学校的组织变革能不能够进行，又取决于校长这个个体。如果校长还是沉浸在一种权力无所不能的幻觉当中，他就很难迈出这样一步来。

李希贵：事实上已经开始了。每一所中小学都要有学校章程，教职工代表大会（以下简称“教代会”）制度也在推行，学校中党组织的权力、责任也正在变得更加明确。这是一个开始完善治理结构的时代，一个民族并不能在几年，甚至十几年、几十年的时间里走完这一步。这需要一个漫长的过程，我们要学会等待。

李斌：这是一个自下而上和自上而下相互作用、共同推动变革的时代。我们也知道，十一学校的治理结构变革形成了六个不同的治理主体，这种治理结构除了大大降低了学校决策的风险，让学校变得更加安全以外，对十一学校的改革发展，您认为还起到了哪些重要的作用？

李希贵：十一学校现在有六大治理主体，包括党组织、校务委员会、学术委员会、教代会、家长教师委员会和学生代表大会（以下简称“学代会”）。这六个治理主体，在学校不同的领域里有相应的权力和责任。

党组织把握学校的办学方向，落实立德树人的根本目标，在关键问题的关键环节上把关，比如说，对干部的考察把关等。

校务委员会，主要由校长、副校级干部和主持年级教育教学工作的干部组成，负责领导学校课程建设和教育教学工作，决定教职工的劳动合同聘任，确定各年级、各部门岗位编制、职级总量，决定年度财务预算，按照相关规定决定对教职工及学生的奖惩。校务委员会采取审议制，当无法达成一致意见时，校长具有最终决定权，责任由校长承担。

职称的评定、北京市学科带头人和骨干教师的推荐、学术经费的投标和招标、学校项目研究的确定和管理，等等，则由学术委员会决定。比如，我和其他老师是在同一时间看到职称公示结果的。

学校教代会跟大部分学校的教代会一样，负责审议学校的章程修订，审议学校重大的人事、工资、奖惩和评价的办法等。我们学校的教代会一般要开两个月。

家长教师委员会，最后会走向家长代表大会，但现在学区还不明确，家长群体里的利益冲突较大，有老师在其中不断地和他们沟通国家和学校的一些政策，使他们能够保持理性。而一些事关学生利益，学生又没法直接去管的事情，家长可以参与管理。比如，学校食堂的后厨卫生、肉蛋奶的质量，由他们把关。

学代会参与了学校很多事情，特别是和学生密切相关的教育教学活动。十一学校的很多课程是学生先提出来的，最后进入学校的课程体系。每年学校要办的十件大事，也会提前半年时间在全校学生中征集。

这六个治理主体，分别掌控不同的领域，但是，它们之间又互相制约。比如，校长聘任的副校长和中层干部，必须是由党组织考察合格的同事。学术委员会负责评定职称，七个委员都是老师，没有干部。发现学术委员会评职称有疑问，校务委员会有权力提出重新审议。如果重新审议没有发现问题，就维持“原判”，校务委员会就没有权力第二次提出重新审议了。教代会最新通过的学校章程、人事制度、分配方案，如果过了一两年，因为上级政策发生变化或者有关方面的法律法规发生变化，校务委员会有权要求教代会重新审议。

这样的治理结构带来了什么？首先，学校不是校长的。校长的权力小了，权力小了，责任也就分散了。所以在十一学校，操心的人很多，学校哪里有什么情况，马上就会有人提出来，甚至去解决。作为校长，我看到大家那么操心，那么负责任，那么敬业，会感到欣慰。

其次，因为每一个人都在自己最了解、最熟知、最接近，甚至利益最密切的领域做决策，所以相对会更加符合发展的规律。一般来说，不会做出令人气愤的决策、令人无奈的决策，因为大家提前参与，很多问题在决策过程中就被解决了。这样一来，大家就会比较从容，无论是老师还是学生，那种焦虑、纠结、难受的表情就会少一点儿。

李斌：在这六个不同的治理主体中，除了党组织以外，另外五个如果一所学校想运作，但又很难同步推动的话，您觉得应该首先把哪一个治理主体运作好，才能够起到杠杆的作用？

李希贵：我相信教代会各个学校都有，重要的是怎么运作，有没有真的发挥它应该发挥的作用。一个方案要形成、通过的话，一般来说，需要一个月以上的时间。为什么？大家需要经历一个不断争论，不断反思，不断换位思考、互相理解的过程。如果没有这个过程，大家就会感觉没有真正参与，最终出来的方案就会有很多问题。

在这个方案被正式提交教代会之前，一般还要有半年的起草过程。主席团的每一个成员作为利益相关者，应成立一个起草小组，经过大量论证后形成一个初稿，然后提交教代会。接下来开始讨论，经过大约两个月的时间，一般来说最后形成的方案就不会有太大问题。在十一学校，对一个方案进行表决时，我们要求一条一条表决。如果这个方案有26条的话，那第一条你是不是同意？第二条你是不是反对？要一条一条表决，最后看看哪些条通过了，哪些条没有通过。那些得票率相对比较低的内容，我们会认真关注，看看有没有修改的可能性。

教代会到底能不能真的起到既统一思想，又解放思想、凝聚人心的作用，这个讨论的过程是非常重要的。

李斌：在您看来，学校组织结构的变革是推动学校转型的有效杠杆，但是，我们也发现很多校长其实害怕这样一种伤筋动骨的变革，不敢动。您觉得校长们害怕的可能会是什么？有没有一种不伤筋动骨，也能够撬动学校组织变革的有效途径？

李希贵：首先要弄清，这个学校的“筋”和“骨”是什么。一般来说，组织变革会强筋壮骨，因为组织会变得更加有能力。我不知道大家担心的伤筋动骨，是伤的谁的筋，动的谁的骨。我们内心害怕的东西到底是什么？校长可以尝试在办公室没人的时候，把它写下来，就会发现伤的不是学校的筋，而是你内心那些不太容易展现出来的东西。比如，这件事可能会影响我和某个人的感情，可能会影响某一位领导的亲戚，或者担心万一被人告状，怎么办？你把担心的这些问题全部列出来，看看可不可以管理。如果可以管理，就可以去改革。如果管理不了，那就算了。那确实会伤你的筋，动你的骨，但绝对不会伤学校的筋骨。

正确的教学观，离不开这两句话

李斌：要找出伤的是谁的筋骨，看来也不容易。希贵校长一直强调，不在学校里推行某一种教学模式，而要尊重教师教学的个性，敬畏学生的多样化发展。我想知道，如果强力推行某种教学模式，会对我们学校的教育生态造成哪些伤害？

李希贵：这个问题涉及教学观。关于教学观的理论，汗牛充栋，但是教学观也很简单，就是两句话。第一句话，不同学科的学习规律是不一样的。物理、化学作为实验学科，与数学学科的差异很大。语文这种以阅读为主的学科，和生物学科的差异也是极大的。每个学科间的差异都很大，只是我们把它们排在一块儿，于是就认为课程都差不多。当我们用一样的方式，在一样的教室里教学的时候，这必然违背规律。在一个没有器械的教室里教物理，在一个没有图书的场合里教语文，已经违背了学生的学习规律。不同的学科有不同的学习规律，这一点就决定了我们不可能用一样的方式来改革不同的学科。

> 正确的教学观就是两句话：不同学科的学习规律是不一样的；不同的学生有不同的认知规律。

第二句话，不同的学生有不同的认知规律。看上去学生都在学习，但有的学生喜欢循序渐进；有的学生喜欢站在一个制高点上往下看，喜欢做有挑战性的问题；有的学生喜欢一个学科一个学科地按照老师的要求学习；有的学生喜欢今天集中力量学这个学科，明天集中力量学那个学科。我们有一个学生，这两个月集中学习某个学科，其他学科的作业就一笔不动，一律不交，到期末考试时，他各科成绩都很好，最终还上了北大。每个学生的学习方式都不一样，之所以在你的教室里，看上去大家都一样，是因为他们被逼无奈。他们本来是千差万别的，完全可以用丰富多彩的方式学习。

有了这两句话，我们还敢去按照一个教学模式要求所有学科的教学吗？更不用说去要求所有学生了。任何一所学校，你只要在学校里推广一种教学模式，我敢说无一例外地就会严重违背教学规律，这是一个不能商量的事情。但是，我们确定某一种改革的方向，引领各个学科朝着某一个方向，按照自己学科的特点去改革，重视哪些元素，提供哪些工具方法，这都是没有问题的。如果规定一堂课讲多少分钟，必须用什么学案，那就肯定违背规律了。

【校长们自由提问】

山东省高密市第三实验小学校长高黎：请教李校长，实施扁平化管理的关键要素是什么？或者说在具体操作当中的注意事项有哪些？

李希贵：关于十一学校扁平化的结构，我大概介绍一下。我们学校已经去掉了中间管理这个层级，还有中层部门，但不是中层管理。也就是说，学校的教导处、办公室、总务处等都是职能部门，为年级、老师、学生提供帮助和服务，没有指挥权，不能指挥年级、老师和学生。学校决策委员会成员，也就是校务委员会的成员，如副校长，由他直接兼任年级主任。有些年级主任不是副校长，一旦被聘为年级主任，就直接成为校务委员会委员，享受相当于副校长级待遇。这样一来，学校决策委员会的成员，直接是学校的运营核心，是一线的主管，这样就没有中间层了，这叫扁平化。

扁平化容易带来的混乱是什么呢？就是中层部门的纠结：管不着师生了，怎么开展工作？过去就是靠给学生开会、老师开会来工作，现在怎么办？为此，我们确立了一个重要的原则——这些职能部门，也就是过去中层管理部门的人，人人要明确自己的客户，明确设立这个岗位的理由。比如，为什么设立化学实验员呢？就是为化学老师服务，为化学课代表、上化学课的学生服务，那么，他的客户就是化学老师、化学课代表以及上化学课的学生。谁来评价化学实验员的工作呢？就是全体化学老师、化学课代表以及上化学课的学生。这些人评价你好就是好，这些人评价你不好，谁说你好都没用。那么，化学实验员的职责是什么呢？不是去给化学老师开会，天天指挥化学老师干这儿干那儿。你得认真去倾听，得去找人家问一问他们有什么需求，见了人家就立刻把实验单准备好。这就是你的工作。

校长的客户是谁？肯定是全校老师、全校学生。是吧？但是，不可能这么多人都去评价校长的工作。所以，校长的客户就是全体教职工代表，在十一学校就是 103 个教职工代表，他们每年对校长的工作进行评价。这个评价不好的话，第二天我就得“下课”，但他们还比较包容我，至今没叫我“下课”。

这样一来，指挥老师、学生干活的人就会越来越少，而去倾听、帮助和服务老师和学生的人就大量增加。产生教育教学效益的那些重要环节，就集中了大量的人力、物力和精力。

湖南省长沙市燕山第二小学校长熊伟红：我不知道这个问题是否与校长的权力观有关，但我一直很想问。我觉得在中国，高考成绩这个话题是绕不开的，在希贵校长的学校，高考成绩应该也是您的办学目标之一。那么，与学校发展、教师成长、学生成才这些目标相比，您把高考成绩放在怎样一个位置？

李希贵：对成绩的态度，其实，全世界的学校是一样的。今天我还看到一篇微信文章，讲英国有八所学校，被牛津大学和剑桥大学录取的学生超过了 100 人，它们的网站不仅说升学率，还要说“牛桥率”（被牛津和剑桥录取的比例）。重视成绩是办学的原则之一，但更重要的是，要看升学率是怎么来的，你靠什么样的方式取得了升学率。

如果你为了升学率，不惜代价，不顾其他，这种做法就没有对学生一生负责；如果你的升学率是在按照教育教学规律、适合学生身心发展、兼顾学生德智体美劳综合素质的情况下取得的，这是可敬的，也是我们追求的。所以，必须高度重视升学率，但重要的是，我们要认真研究，怎么样把这个过程发展得更加符合学生身心发展规律，能更加为他未来的发展奠基。

在十一学校，我们的老师之所以这么下功夫，付出这么多，就是在研究这一点。如果单纯提升学率的话，我们不需要下那么多功夫，我们有很多“高招”，甚至可以取得比今天更高的成绩。我们没有选择那样做的原因，是觉得要使教育这个行业受人尊敬，使我们在干了一辈子教育工作后，到退休的时候不后悔，不胆战心惊，觉得自己做了一件令人敬佩的事；孩子没有在我们手上被耽误。因此，就必须认真研究我们的高考成绩是怎么来的。

让百分之百的学生进“一本”，十年前我们就有可能实现，但我们放弃了这种百分之百，现在还保持着十年前的样子，“一本率”在97%—99%。为什么要这样？因为我们怕伤害后面那些学生，如果你非要叫他们进“一本”的话。

在对高考的要求上，我每年都会对副校长、年级主任开玩笑说，不允许他们搞得太好。因为他们一旦今年搞得太好，有了跨越式的提升，明年怎么办？明年的老师和副校长就会焦虑，一焦虑就容易做出错误的决策。我们稳中求进。只有这样，才能比较从容，比较淡定。我来十一学校十多年了，从来没主持开过高三的会，也从不参加高三的会，一次也没有。我就是希望他们从容淡定，慢慢往前走。

李斌：关于高考升学率，我的理解是八个字：君子爱分，取之有道。这个“道”指的是我们的教育教学规律，是孩子的身心发展规律。

河北省张家口市宣化第五中学校长刘元峰：刚才大家问的问题都挺

严肃，我更关心您自己的事。您有退休计划吗？您想过退休以后写自传吗？您跨学科的知识，尤其是科学测量这部分知识是从哪儿来的？

李希贵：关于科学测量的知识，我在教育部基础教育质量监测中心的工作经历对我影响很大，那里有一大批关于学科测量的专家。另外，我还接触了国外很多这方面的专家，再加上一些测量的模型，这对我的影响还是挺大的。

自传的事从来没想过。

关于退休，我觉得人生不要分成两段——工作一段，退休一段，这不利于身体健康，也影响生活质量。你工作的时候要有一种退休的心态，显得也很轻松；到了一定年龄了，不在一线了，也要像工作时那样认真，严格要求自己。我觉得这样就好。

校长的领导力

让每个人都感到自己很重要

李斌：希贵校长建立了一个校长胜任力模型（如图 1 所示），其中有三点很重要，叫作境界、人性观和领导力。我觉得这三点是不是可以用您经常说的一句话来概括，那就是让每个人都感到自己很重要。不知道我这么理解对不对？

李希贵：我曾经为了培训校长，也为了自我反思，构建了一个校长胜任力的模型。这个模型分三个层级，第一个层级中有几个指标，其中“优秀教师的经历”“基层组织管理经历”是基础。如果你没有优秀教师的经历，你当校长，在和优秀教师对话的过程中，他们就可能会质疑你。即使你后来成长了，说得再好，他们也会回忆起你当初教学时候的水平一般般。所以，在这个行业，你若没有成为一个优秀教师，就不要轻易去当校长。因为即使组织很信任你，你也会大大降低管理效率。

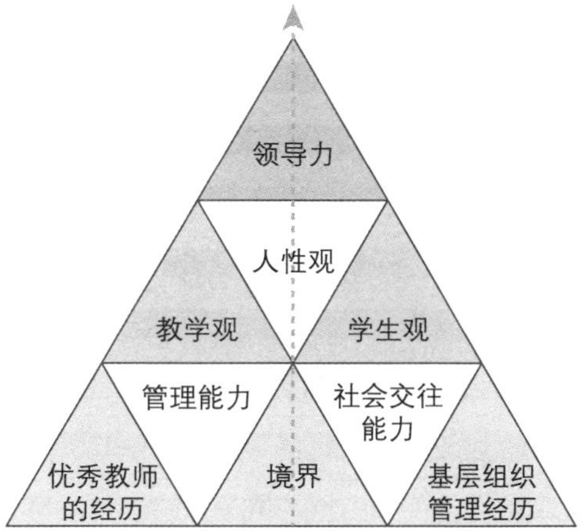

图 1　校长胜任力模型

再一个就是基层组织管理经历，如曾经是优秀班主任，是大家比较认可的教导主任，这一点非常重要。特别是班主任，这是世界上一个比较难当的不大的“官”。它难度大在哪里呢？就是它的扁平化。全班 50 个学生，你不能说张三要找我，得经过班长；也不能说这 100 个家长中某某要找我，必须要经过哪些家长。你对 50 个学生和这些学生的家长是完全扁平的，而且要让大家都喜欢你，蛮难的。在这种情况下，你若能让绝大多数人认可你、喜欢你，一般来说，你的情商、你的管理平衡能力就是够的，就是可以当校长的，甚至可以当市长、省长。

第一个层级里的第三个指标，是“管理能力”和“社会交往能力”。这既需要先天的素质，也需要后天的培训。管理能力包括计划、组织、监控和评价等能力。社会交往能力指结构性交往的能力。做校长和当老师、副校长都不一样，你必须研究学校发展的需要，研究老师的需求、学生发展的需求，建立结构化的关系。每一个行业的从业者，只要老师觉得有需要的，你就应该下决心去认识一些。你的学校里很多老师有咽炎，但学校旁边著名医院的耳鼻喉科医生你一个都不认识，那你这个校长就不太行了；你这个学校很多老师的父母心脏不好，但心脏内科、心脏外科的医生你也不认识，那也不行；你这个学校不少老师是开车的新手，经常被扣车，交警队的人如果你一个都不熟悉，那么你作为校长也不行。

> 学生观也是两句话：学生是不一样的；孩子是来学校犯错误的。

除了这几个要素之外，还有一个要素，就是刚才李斌谈到的“境界”，境界处在基层的核心。第一个层级的那些能力如果你都没有，你只要有境界，一般来说也不会差，因为你是个好人。若是第一个层级的那些能力你都有，但只要境界不够，你就不要当校长。

第二个层级中包含“学生观”“教学观”和“人性观”。教学观我刚才说了，就两句话，学生观也是两句话。第一句话，学生是不一样的。你看那些数学特别牛的学生，你让他试一试音乐，可能就不行了。我们学校那些乐团的首席，都选数学Ⅰ，他们的数学基本上考七八十分或者四五十分，但这并不影响他们未来成为大家。一次，意大利一个全球著名的音乐家来我们学校访问，听说我们给这些学生开的是数学Ⅰ，他非常兴奋，一把抱住我说：“谢谢你了，你千万别叫这些孩子学会数学。他们一旦学会数学，会严重伤害他们的艺术细胞。”

我们的孩子真的是不一样的。之所以在我们的教室里，他们看上去一样，那是因为我们伤害了他们，束缚了他们，规范了他们。他们本来完全可以不一样，完全可以发展得更好。

第二句话，孩子是来学校犯错误的。也就是说，孩子在学校会犯错误是正常的。在学校里犯错误，成本最低。他来到学校时还没成年，需要犯错误。为什么他会犯错误？因为脑容量还不够，大脑的各个区域发展不均衡。你看五六岁的孩子最爱哭，哭过后就啥事都没有了。这是他情绪发泄方面的脑细胞发展快，但控制情绪的脑细胞发展滞后。

人就是这样，大脑各个区域的发展是不均衡的，时不时地会犯这种错误、那种错误。有些孩子在一定年龄，眼睛会挤来挤去，于是家长就吓坏了，担心孩子将来变成挤眼，结果过了两个月就好了。还有些初中学生，长得特别高、特别快，驼背，妈妈也受不了。其实，再过半年他就不驼背了。

我们整理出了初一学生、初二学生一定会出现的问题，每个年级有三四十条。比如，有的初二学生会穿奇装异服，变换发型，希望吸引异性的目光。他有这种行为，说明他是正常的。重要的是，我们怎么去管理他，别让他过度。头发稍微染了一点儿，但颜色不是很深，也就没问题。他来到学校，要让他经历这样一个发育的过程。我们这帮成年人看着他，别让他出大事，出点儿小事时你去跟他说这样不好，那样不行，用我们的能力来帮助他。

具备了这两点学生观，我们就不会过度批评学生，就不会对学生出现的问题过度焦虑。

在校长胜任力模型第二层中间的，是人性观。有记者采访我的老乡莫言老师，问他如何才能写出好的作品。他说了三点。第一点，把好人当坏人写。你不是好人吗？你也有七情六欲，我把你内心深处那些见不得人的东西给你揭示了。第二点，把坏人当好人写。坏人也仗义疏财，也劫富济贫。第三点，把自己当罪人写。莫言老师这三点从某种意义上把人性观说明白了。

每一个人的内心都有一个天使，同时也有一个魔鬼。魔鬼睡觉，你就是天使；天使打盹，你就会成为魔鬼。什么意思？就是不要把人简单地分成好人和坏人，不要把天性一分为二，天性随时准备跨界。

好奇心是人的天性，它好不好？好，没有好奇心就没有创造性。但是，如果好奇心过度，连人家的存折放在哪里都好奇，就可能出问题。占有欲好不好？好像不好，但是，你想一想，如果我们人类没有任何占有欲，那早就灭亡了。正是因为大家都有比较合适的占有欲，才推动了人类社会的进步。所以，不要把人性分为好的和坏的，重要的是通过制度来放大人天使的一面，给魔鬼的那一面吃安眠药。

在校长胜任力模型的顶层，就是校长要表现出来的“领导力”。作为团队的领导者，你动员各个方面的力量，组织各个方面的资源，朝向一个共同的愿景，去实现这个目标，这就是领导力。在这个模型里有九个要素，在中间画一条直线，连起来就是境界、人性观和领导力。李斌刚才问这三个要素是不是为了从根本上实现让每个人都感到自己很重要，我觉得李斌把这个东西研究透了，确实是这样。一个团队要有组织能力、战斗力，取决于团队的每一个成员迸发的智慧，能充分发挥自己的潜能，把自己的力量用到统一的目标上。而这取决于团队的领导者，领导者应让每个人感到自己很重要。

当然，这三个要素又不完全一样。处于模型底座位置的“境界”，事实上是指从你的站位来思考你应该处在一个什么位置。什么叫境界？我觉得通用电气前 CEO 韦尔奇（Jack Welch）的一句话说得很好。他说，在你成为领导者之前，你的成功只和你个人的成长有关；在你成为领导者之后，你的成功只和下属的成长有关。把自己“置之度外”，更多地给别人搭建平台，为别人创造成功的机会，把自己放得很低，放在一个支撑别人、为别人服务、为别人奉献的位置上，这叫境界。

对于人性观，可以从一个组织的运行机制、文化和人性的关系等方面来思考：我们应该用什么样的制度，形成什么样的文化来影响人性？人性没有好坏之分，重要的是你的制度让人不得不如此的时候，带来的文化氛围。有的制度会逼着很多人犯错误，不犯错误就做不成事；有的制度会把人性魔鬼的一面放大。我们在一个组织里，能不能通过改进和完善制度，让人性魔鬼的一面不好意思醒来，不好意思表现，从而使组织变得健康？我们有了对人性观的基本理解后，就不会去埋怨员工。如果组织里有很多人出现问题，一定是领导的问题，一定是我们的制度存在问题。建立这样一种人性观，其实是为了促进我们反思制度和文化。

处于顶层的领导力，就是从你动员、组织资源的能力方面去思考：为什么同样这么多资源，同样作为校长去组织资源、描绘愿景，有的校长有领导力，有的没有？原因在于我们在组织资源、描绘愿景的过程中，有没有和大家分享我们的目标。我们的愿景是不是考虑到每一个人？只有考虑到每一个人的时候，你才会有领导力。

顶峰不是休息的地方

李斌：我发现，您每到一个新的地方任职，都很善于抓关键事件。比如，任高密教委主任时，通过抓考试指挥一部素质教育的“交响乐”；任潍坊教育局局长时，通过抓课堂教学推动素质教育，建立校长职级制形成校长动力机制；来到十一学校后，又通过调整学校组织结构撬动学校转型。对于某个问题能否成为学校变革的关键事件，您是如何去发现并做出判断的？

李希贵：其实还是要回到对人性的思考上来，办好任何一所学校或者说办好任何一个地区的学校，离不开三个积极性：一个是校长的积极性，一个是教师的积极性，还有一个大家很清楚，就是学生的积极性。这三个积极性缺一个学校也办不好。当然，最终必然落到学生的积极性上，才会产生质量。但是，学生的积极性永远不处在主导地位，永远是教师的积极性带来学生的积极性。

在任何一个地区，任何一个学校，我首先考虑的，是怎样防止我们的制度，防止我们的工作和措施妨碍某一个积极性的充分发挥。刚才李斌谈到，在高密的时候，我们通过改变考试内容、命题方式和中考的录取方式，来引导学校朝素质教育方向发展；在潍坊的时候，我们通过课堂教学改革调动学生的积极性，通过资金管理调动校长的积极性；来到十一学校后，我们推行的，是通过育人模式改革，通过增加课程的选择性，更多地调动学生的积极性；现在，我们又通过课堂教学改革，把教学变成学习。在课堂上，是按照教的逻辑还是按照学的逻辑，学生积极性的释放程度差别很大。一旦每一个学生都按照学的逻辑自主规划学习过程，自己寻找学习资源，同伴互助完成学习任务，甚至能自我评估，这时候，他爆发出来的课堂积极性，那是非常高的。

哪些事会成为学校的关键事件？就是看哪些事已经成为影响某个积极性的瓶颈，那些成为瓶颈的事，就是关键事件，就会成为我动手的地方。

李斌：不管是当年在潍坊推进以阅读为基础的语文教学改革，还是在十一学校推动学校转型，您都很注重对学校改革的风险管理，能否结合案例谈谈如何管理学校改革的风险？

李希贵：任何改革必然有风险，但是，不改革的未来也不美妙。无论是人生还是每一个组织的发展，都是一个抛物线，一定会有顶点，也一定会衰落。为什么有些组织持续成功的时间更长，为什么会出现二次曲线，再一次走向新的顶峰？因为它们在接近顶峰、势头正劲时，在资源调配能力最强、人心最齐的时期，找到了一个新的目标，不断地配置资源，去进行改革：开辟另一条道路。就像腾讯，在腾讯 QQ 最热闹、盈利最好的时候，开辟了一个新项目叫微信，使腾讯又到达了新的高峰。

顶峰不是休息的地方。一个组织、一所学校也是这样。如果你觉得现在挺好，不思改革，将来一定会遇到很大的问题。当你遇到问题，事业开始下滑的时候再去改革，那时候你调配资源的能力就会很差。就像有些企业在好的时候，银行纷纷找上门要求贷款；一旦企业出现问题，所有的银行都撤了。不是说你下滑一点儿，你调配资源的能力仅仅下降一点儿，不是！下滑一点儿就会下降很多。所以说，你要在一个组织接近顶峰，尚未处于最高点，但资源调配能力最强的时期，瞄准一个新的目标来组织资源，这个时候，本来要以 S 形前行的曲线变成了上升的第二曲线（如图 2 所示）。为什么？因为会有波折。要改革就一定会出现波动，但这个波动在这个时间发生是可控的，不会影响大局，这时我们可以通过各种方式填补漏洞。

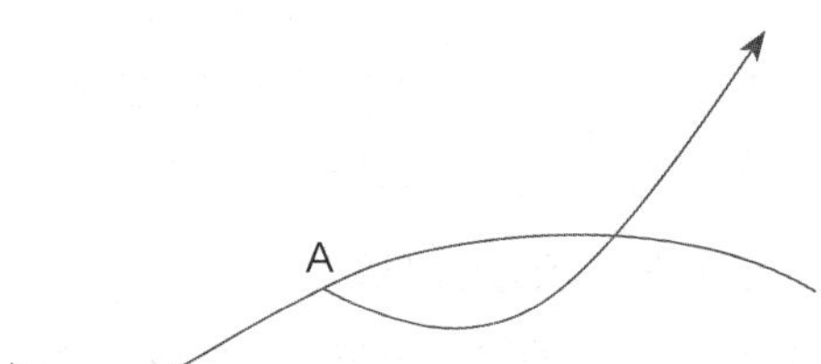

图 2　第二曲线

这时候出现风险，我们要管理风险。有一个通常的风险管理网格图（如图 3 所示）。它的纵坐标是风险产生的可能性，从 1 到 10；它的横坐标是风险一旦产生可能造成的影响，也是从 1 到 10。首先，我们要对每一次改革的风险进行头脑风暴，排出 80 个、100 个、160 个风险，然后对它们进行排序，排出 10 个左右，再把它们填到风险网格图中。如果它发生风险的可能性是 6，产生的危害是 9，就是 54 分，那么，谁来管理这个 54 分的风险？用什么措施来管理？我们用这样一种方式来管理学校的风险。

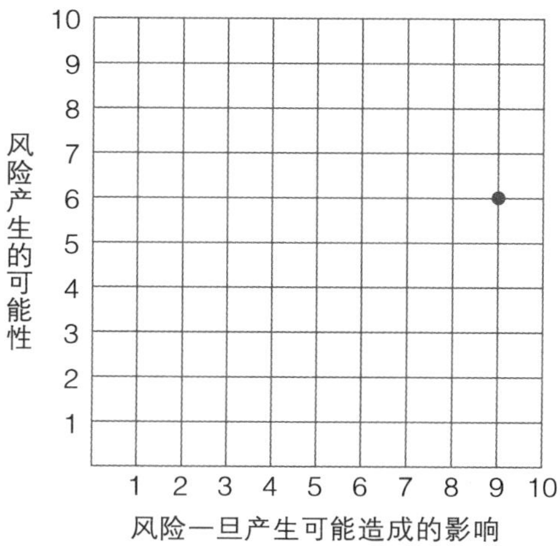

图 3　风险管理网格图

我们当初进行语文教改的时候，就排出了一百多个风险，最后有六大风险被管理。其中第一大风险，是刚开始大量阅读的时候，学生的期中考试、期末考试成绩可能会略有下滑，这个风险发生的可能性是 9。因为大量阅读会占用学生不少时间，考试成绩肯定会有所下降。而这个风险一旦产生，危害也是 9，家长、老师都会有一些议论。九九八十一分的风险谁来管理？用什么措施来管理？必须依靠语文老师和班主任。比如，在课前增加五分钟的基础知识练习。

世界上不存在没有风险的改革，所以一定要重视风险，管理好风险。

李斌：刚刚希贵校长提出，形势大好的势头往往孕育着走下坡路的风险，但此时恰恰也是变革的最好时机，我觉得这体现了希贵校长经常用的一个变革策略，就是把成功设计成危机。比如，1996 年是高密一中的高考丰收年，那时您提出开展“查查身边问题，找找自己弱点”的活动；2014 年，教育部史无前例地在十一学校召开新闻发布会，对学校的教改予以高度认可，您把这一年确定为学校的“反思年”；十一学校获得首个基础教育教学成果奖特等奖后，您提出“顶峰不是休息的地方”，要找问题和危机。您这样把成功设计成危机，是出于怎样的考虑？

李希贵：“把成功设计成危机”意味着成功本身不用设计，它就是危机。为什么？因为被成功冲昏头脑是大多数人的人性。所以，在这个时候人们特别需要有点儿清醒的头脑，你一提示，引起大家警觉，危险就过去了。如果我们在这个时候看不到成功有可能带来的头脑发昏，从而做出错误的判断，不能正确地理解当下，那就有可能出大问题。

正确理解领导意图，不盲目跟风

李斌：希贵校长还是“正确理解领导意图”的高手。您在一篇文章中提出，需要把“领导重视”转化为“领导需要”。请问，“重视”与“需要”有何区别？怎么做，才能把“领导重视”转化为“领导需要”？

李希贵：其实，我是想说“怎么去正确地理解领导的意图”。很多时候，领导说的话是表象，他真正的内在需求在心里，有时候甚至连他自己都不知道需要什么。校长也是别人的领导，我们对有些事非常重视，但背后真正的需求是什么，我们可能也不知道。所以，要正确地理解领导的需要。

> 正确地理解领导意图，需要把他们内心的需求和学校的实际情况结合起来。

我举一个例子，前几年教育部下过文件，要求全国的中小学学唱京剧；后来又下文件要求全国中小学跳交谊舞；过一段时间，又要求做别的事。总之，领导重视的事情挺多。其实，你不要从表面上理解上级下发的这些文件，要去理解上级的内心深处是对什么感到忧虑，那就是应试教育不重视学生艺术、体育，妨碍学生全面发展，上级因此担心。一担心就下发文件，一下发文件就说具体了。因为咱们国家很大，东西南北中各个地方差异很大，一下发文件就难免不太符合某个省的省情。

你只要按照国家的教育方针，始终坚持学生德智体美劳的全面发展，始终关心学生全面素养的提高，其实就理解了领导的需要。领导具体说一件事，有时候是出于焦虑，出于对某个极端问题的判断，而做出一个决策。但是，他们一以贯之的，是这种内心深处对全国中小学生全面发展的关切。所以，我们一定要正确地理解领导，一定要灵活地把他们这种内心的需要，和我们学校的实际情况结合起来。

我们学校尽管没有大规模地人人唱京剧，也没有人人跳交谊舞，但是，领导每次来看都觉得这就是他们想要的。

【校长们自由提问】

山东省德州市湖滨北路小学校长马瑞娟：我读了《北京市十一学校行动纲要》全文，发现它确实是引领学校发展目标和形成教师文化的一个纲领性文件。我现在刚到一所学校，该如何规划学校的发展，形成我们学校的行动纲要，想听听您的建议。

李希贵：2007 年，我到十一学校之后，我们全体骨干老师用了一个暑假，来梳理十一学校自 1952 年建校以来的关键成功要素，特别梳理了学校快速发展的三个时期，研究为什么这三个时期发展得特别好。我们依据学校多年来的发展梳理出七大关键成功要素，然后在这个基础上判断今后面对的挑战、面对的新形势和过去有什么不一样的地方。我们不可能完全复制过去的要素，因为我们今天面临的是一些全新的挑战。这需要我们采取什么样的措施，把它跟过去、未来进行整合，形成我们今天的关键成功要素？我们用了三年时间，最后梳理出八大关键成功要素，包括教师、机制、课程、资源、生源、文化等。然后每三年重新审议一次，会略有调整。比如，现在我们就把内动力、个别化列入了关键成功要素。这在过去是不可能的，但在今天是必需的。未来我们肯定还会加入一些新的要素，淘汰一些旧的要素，始终保持八个，因为关键成功要素不能太多。那么，要把这八个要素变成现实，我们需要制定什么样的制度、开辟什么样的道路、组织什么样的资源？十一学校就是这样走过来的，不知道这对你有没有借鉴价值。

湖南省长沙市天心区铜铺街小学校长胡雪滢：我看了您的《学生第一》，那本书里有很多特别好的德育活动，既有意思又有教育意义。我想问的是，您是怎么指导出这样好的活动设计的？

李希贵：肯定不是我指导的，前面我已经说了，我们学校操心的人很多。这些好的活动创意一定来自学生的需求。了解学生的需求之后，我们要研究采取哪些更加符合学生年龄特点、更加符合教育规律的方式来满足那些需求。一定要相信直接和学生打交道的老师，他们那里蕴藏着无穷的智慧。我们学校大量的活动都是老师和学生一块设计出来的。在我们学校，很多东西会在师生中长出来。我们对活动实行“股份制”，校长想得越少越好，不要让别人觉得是给校长干的，而是他们自己想出来的。有一个活动，我们策划了半年，涉及学生上千人，大家都提了建议、意见，最后形成了狂欢节。还有学校马上要竣工的树屋这个设计，就是在树上建一个房子，涉及的学生、老师和家长有好几百人。所有人的名字会被刻在树屋的某个地方，因为是他们贡献了智慧。

校长要示弱，要变得略微傻一点儿，看到一个主意，就要说：“这个主意太好了，太好了！”你会说这一点事情就差不多了。不要总是“我认为”“我的点子是什么”，那就会坏事儿。

李斌：这个问题我想追问一下：校长应不应该、能不能成为学校改革的总设计师？

李希贵：校长成不了总设计师。为什么？因为改革一定是自下而上生成的东西，最后经过一定的程序不断完善和修改，写进组织的制度里，才会有生命，才会扎根。学校不像一个国家，需要总设计师，因为对一个国家来说，我们每个人只了解局部，不太了解整个国家；但是对学校来说，我建议还是采取自下而上的方式，先形成大概的要素、框架，然后由大家集体完善。校长在自己熟知的领域，在别人没法企及的地方，可以略加点拨、引导，但最后也都变成老师们的意思，而不是校长的意思。

校长的学习力

不断寻找制高点，在差距中反思学习

李斌：如果把您的前半生简单地划分为几个阶段：从求学阶段到高密工作期间，到主持潍坊教育，再到北京十一学校，每一个阶段是否都有人对您产生过不一样的重要影响？能否介绍几个案例，谈谈您是如何与他们连接并受其影响的？

李希贵：每一个人都是社会关系的总和，你肯定会受别人的影响，把握好让谁来影响你，这很重要。欧洲一个社会学家做了 20 多年的研究后发现，一个人的财富，包括精神财富和物质财富，是他最亲密的 5 个朋友财富的平均数。

我在高密期间结交了几个忘年交，我在《新学校十讲》这本书里感谢了他们，并把这本书送给了四位在我青年时期对我产生重大影响的长者。一位是高密教育局的韩金绶老师，一位是高密农业银行的李储恩行长，一位是高密市人大的孙惠斌主任，一位是《山东教育》的前主编毕唐书老师。他们换位思考的人生态度，他们对人的发展有无限可能性的鼓励，他们真诚地希望别人好的那种慈祥的目光，对我有深刻的影响。

我在高密四中的时候，毕唐书老师在我们学校待了很长时间，在我们看来没有什么好的经验、做法，在他眼里全是金子。他把我们感觉一般的学校，总结成了一个典型，推广到全省，并破天荒地在《山东教育》（中学版）创刊号上发表了26000字。用这么大的篇幅报道一所学校，在这本杂志的历史上没有过，后来也没再发生过，这给了我们很大的鼓舞，让我们感觉到平平凡凡的工作竟有那么大的价值，有些甚至还和那么高的教育理念相联系，这是我想不到的。

后来我到潍坊工作，通过读书，更多地受到了美国的卡耐基（Dale Carnegie）、柯维（Stephen R. Covey）和拿破仑·希尔（Napoleon Hill）的影响。他们在书里提到的“先人后事”，给了我重大启发。来到北京之后，受到德鲁克（《卓有成效的管理者》的作者）、明茨伯格（Henry Mintzberg，《卓有成效的组织者》的作者）、汉迪（Charles Handy，“第二曲线”的发现者）三位管理大师的影响。他们对人性的把握，对用什么样的结构、什么样的制度影响人性，分析得非常到位。能用结构解决的问题，就不要靠制度；能用制度解决的问题，就不要靠开会，这是我跟三位管理大师学到的。十一学校除了全校教职工代表大会，整整一个学期都不开会。我们大量的问题是靠组织结构的变化来解决的，少量的问题是靠制度去解决的，需要的制度也很少。每一个岗位的制度是不需要规定的，因为它的客户需求就是它的工作职责。

到一定程度后，当我们需要寻找制高点的时候，如果在视野范围之内，很难找到这个领域的顶尖人物，我们可以去读书。你不认识作者，但是你可以研究他的专著，读他最有代表性的书。这样能使我们和这些大家发生联系。创造条件和这些人保持多种方式的接触，找到制高点，这是非常重要的。

李斌：刚刚希贵校长提到《山东教育》的前主编毕唐书老师，这个故事说明了我们媒体人独特的价值。我在一本书上看到，英国维珍航空的创始人习惯随身带个笔记本。他说，没有这个笔记本，维珍不会发展这么大。您也有类似的习惯，有什么好想法，或看到值得记录的东西，会立马用小纸条写下来。这个小习惯让您有哪些受益？

李希贵：我从参加工作到现在从来没有笔记本，也没拿过文件包。在党政部门工作的时候，领导要求人人开会都要带笔记本，我也没有，领导比较宽容。但是，在没有手机的时候，我的口袋里肯定有一张纸、一支笔。现在还保持着在口袋里装笔的习惯，已经装了40年了。为什么？为了学习。因为你会遇到很多人，他们突然说的一句话可能就启发了你，他们的一个点子可能让你感到非常棒。即便是在吃饭的时候，遇到一个好点子，我也会记下来。这样就从别人身上学到了很多。这些东西不随时记下，你很快就会忘，这样就错失了机会。有些时候，你脑袋里突然蹦出来一个想法，你不记下来也不行。这些年我不带纸了，因为有手机了，可以随时记在智能手机里。为什么这样做？还有一个重要原因，我认为大脑是用来思考的，不是用来记忆的。如果我们把它像仓库一样装满了东西，那么我们就没法思考，所以我希望把脑袋清空，不靠它记忆，而靠它思考。这是非常重要的一个体会。

李斌：我注意到，您在从教之初，就很善于从出现的问题中反思自己的行为和教育，您的这种反思能力是怎么来的？

李希贵：反思能力其实来自你对自身的认知和你对世界的看法。人生有限而知识无限，你只是沧海一粟，你太无所谓了，你太有限了，所以，你特别需要去比对着一些更好的东西，不断完善自己。这样一种想法也来自我的一个习惯：不断地寻找所从事行业的制高点。

我在高密、潍坊工作的时候，每年一定会带校长们到上海、浙江、江苏去，寻找职业教育、基础教育和幼儿教育的制高点，看看人家在做什么。后来到欧洲、美国、日本，不断去寻找人家在这个领域的制高点。开始的时候没法对话，人家思考的问题和我们不在一条线上。慢慢地，我们和美国校长的对话开始到了同一个层面。你不断寻找制高点，慢慢地你也会到达这个高度。但是，你切不可自大，认为现在已经很好了，很多人都说好，媒体也报道了，你就晕了。其实，你没那么好，问题多着呢！

找到制高点的一个重要思维方式，是参考人家怎么到制高点的。一般人会说："哎呀，我们学不了，他这个条件……"你要看他 20 年前、15 年前、5 年前，是从哪一个起点一步一步走到今天这个样子的。他过去和你一样，只是他走出来了。你不要学他今天这个样子，你要学他到达今天这个样子的路径、精神和智慧，那样你一步一步也会走到这个地方。

寻找制高点，客观上会教你反思，因为你能不断地看到你和别人的差距。近期，我们开始学习新兴企业的跨界经验，上个月我带北京市的 30 名校长，还有上海、江苏、山东、广东、浙江的一些校长，去看了小米、百度等公司。看这些新兴企业的组织构架、机制、文化，发现我们与他们的差距很大。

李斌：认识自己是一件很难的事情，很多人一辈子可能也没有做到。我们想知道，希贵校长您会用哪些工具来认识自己？能不能帮我们梳理一下？

李希贵：我也没做到，谁都做不到，苏格拉底说这是人生的旷世难题。我们对自己大概有所认识，也就可以了。但这也很难，因为你听到的很多好话可能是假的。有两本书很好，一本是《定位》，还有一本是《人生定位：特劳特教你营销自己》，是同一个作者写的。我们自己怎么定位？你是一个什么角色，有时候就应该履行什么职责，就应该有什么权力边界。你在这个过程当中，慢慢地去修炼自己，逐渐地对自己有所认知，我觉得就可以了。你不可能对自己有一个非常清醒的、全面的、深刻的认识。

不说别的，就说我在老家高密的时候，刚从学校到教委工作，那时候应酬很多，有接近一年的时间，不清楚为什么晚上肚子特别难受，思考了几年后恍然大悟：吃多了。我年轻的时候看小说，里面的正面人物都是浓眉大眼，小眼睛的都是反面人物，我就把自己划归为大眼睛，因为我觉得我是正面人物。到了 30 多岁当了校长，有一个兄弟学校的校长跟我开玩笑："你总瞪着个小眼儿。"我后来照镜子一看，才知道确实是小眼儿。认识自己是挺难的一件事，大家千万要小心，不是那么容易的。

我们走在追求成功的道路上

李斌：您的《36 天，我的美国教育之旅》我读过好几遍，读的时候很惊讶，没想到一位市教育局局长竟然会去美国研究具体的课堂教学，那时候您就有了未来要去做校长的想法吗？

李希贵：我之前多次去过美国，但都是走马观花，随代表团看看几所学校就回来了，基本上都是在一个层面上考察美国教育，我觉得不过瘾。所以，我想一个人去，跟着哥伦比亚大学教育学院去研究美国的中小学。我去之后基本上不在大学里，而是随着他们的教授到那些好的、差的中小学去，比较深切地了解了真实的美国教育。

我没有一个时间表，说未来什么时候要当校长。但是，我有一个长远目标，未来我肯定要去做校长。

李斌：您说过："从教 20 多年，我的成功不在于我从一个普通教师成长为校长、局长，而在于我在读教育这本大书的过程中，感悟了人生，找到了适合自己的生命形态，找到了一条属于自己的道路。"那么，在您看来，应该如何定义一名校长的成功？

李希贵：我不认为我已经成功了，我们是走在追求成功的道路上。像马云我们都不敢说他已经成功了，因为这个时代变数实在是太大了。但是，我们在追求成功。怎么去定义成功，这很重要。当校长、局长就是你人生的一个过程，在这个过程中，你能去理解人生，这很重要。你认为什么最重要？什么事让你感觉很欣慰？你把这个定义好了，你的人生就把握在你自己手上。有人说 18 岁之前或者年轻的时候，你没法定义美丽，但是，到了中年、老年的时候，你自己可以决定你是不是美丽。为什么？美丽是可以自己定义的。你看重什么？你在乎什么？你要从容不迫地去实现这些，而且不受干扰和诱惑。

好多人定义的成功，是自己坐在台上，别人坐在台下，感觉这样很风光，于是，在家里也想装一个主席台。退休之后便六神无主，不知道在家里是什么角色、什么地位，跟儿子、媳妇说话还拿腔拿调。

做过什么不是十分重要，你通过做过什么明确了什么最重要，对人生、对家庭非常有意义。你把这个弄清楚之后，就不会在乎别人是怎么活的，别人会怎么说你，那些都不重要。

李斌：刚才我们说的是成功，现在我们来谈谈失败。2011 年 10 月，您在新学校论坛上做了“失败的新定义”主题报告，梳理了 16 种教育的失败，包括浪费影响学生的机会、管理者影响力闲置、为不该自己做决策的事情做决策、用错误的方法来纠正错误、在没有建立良好关系的时候就开始实施教育，等等。如今，7 年过去了，您有没有发现学校新的失败?

李希贵：是这样的，失败源源不断。学校和企业最大的不同是什么？学校一般倒闭不了，我们因此不太在乎失败，甚至熟视无睹。我们明明知道改变学校有可能产生新的希望，但是，我们仍不太愿意。平常我和一些同志谈，这种高考制度、录取制度再不改，不行了。他们说，万一失败呢？我说我们已经失败了。这种录取方式只看分数，分分计较，谁都批评我们唯分数、唯学历，批评的不是家长，批评的是我们这些从事教育的人。是我们唯分数，我们已经失败了，还害怕改革失败怎么办，应该问现在失败了，我们应该怎么办。教育界不太在乎这种已经形成的失败。

现在还有一种失败，就是一些校长到处参加论坛，天天在外讲自己的办学思想。这非常可怕，这也是教育的一种新的失败。

李斌：目前十一学校正在进行深水区的转型，也就是基于标准的学习。我想请您用简洁、清晰的语言来表述一下，让我这个外行能够明白什么是基于标准的学习。

李希贵：基于标准的学习，落脚点在学习上，就是要把教学变成学习。我们希望培养全面而有个性的学生，他不仅要选择课程，一个人形成一张课表，而且选完课之后，在他的每一个 45 分钟里，在他每一个星期的学习过程当中，也应该有自己个性化的路径。他有不同的学习目标、不同的学习资源、不同的学习方式，只有这样，他才能真正成为全面而有个性的学生。仅仅靠一人一张课表，仅仅靠课程方面的选择，不能够完全实现这个目标。

要做到每一个学生的学习路径都有可能不同，每一个学生的学习方式都有可能不一样，靠老师主导的教的逻辑是永远无法实现的，只有靠学习的逻辑才能够实现。所以，把教学变成学习是为了培养全面而有个性的学生，打通最后一公里，这是第一点。

第二点，我们现在树立培养学生核心素养这样一个新的立德树人的目标，就超越了过去只教给学生知识、技能这样低层次的教育目的。我们要在学科里、课堂上落实学科素养，最后走向“必备品格”和“关键能力”。我们若只靠教，学生就局限在知识和技能层面，局限在提取信息和理解、分析层面，我们就没法实现核心素养要求的必备品格和关键能力。关键能力大家已经知道了，包括认知能力、创新能力、合作能力和职业能力。必备品格，我认为就是社会主义核心价值观当中有关个人层面的四点：爱国、敬业、诚信、友善。可以把敬业理解为责任。如果学习过程当中没有合作、交流、争论、冲突以及妥协，我们就没法从学科最终走向核心素养。我们已进入新时代，最终的目标是培养学生的核心素养，这也要求必须把教的逻辑变成学的逻辑。

“基于标准”是什么意思？当我们放开学生的学习过程，当每一个学生变得不一样的时候，老师如何管理？那就必须基于标准，基于国家的课程标准。对高中而言，就是把国家的课程标准分解到 6 个学期，分解到 12 个学段，每一种能力培养到什么程度都有目标，最后转化为学生的学习任务。从标准转化为学习目标，从学习目标转化为学习任务，最后进行评估。基于标准是希望把标准、目标、任务和评估、考试、评价全部贯通，形成一条线，不至于降低教育教学的效率。

李斌：我观察十一学校多年，并在几年前的一篇文章中提到，十一学校探索的是中国基础教育的方向。你们的改革经常带给我们惊喜。比如，现在正在进行的基于标准的学习。您也说过，如果能够完善基于标准的学习系统，将对中国基础教育做出不可估量的贡献。我现在很好奇的是，这样一个基于标准的学习系统初步完成以后，十一学校下一个要攀登的高峰将是什么？

李希贵：这个高峰还没攀登呢，你不能这山看着那山高。我们现在就想攀登这个高峰，希望把最后一公里打通。这个还是挺难的，因为每一个学科都不一样，我们必须尊重每一个学科不同的特点。所以，我们没有提出一种模式，只是提出教学改革的方向。同时，我们提出了中间的要素、目标，就是把标准转化为学习目标、自带动力的学习任务和工具。学生一旦自己学习了，他不能自发地产生学习行为，你必须给他一些工具和脚手架，帮助他学得更有效率。

改变世界，以教育的方式

中国基础教育展现在世人面前的诸多痼疾，令人忧虑。北京十一学校这些年的努力，不是在其中修修补补，而是重新定义学校。它以新的形态出现，让许多人看到了教育改革的智慧与希望，因而吸引了一大批志同道合者。

十一学校的愿景，是要成为一所“受人尊敬的伟大的学校”。这个目标的确立，最初让一些老师感到不解，他们从没想过一所中学也应该伟大，还可以伟大。但仅仅过去几年，学校里越来越多的老师开始在演讲、文章中反复引用这句话。这场扎扎实实推进的改革让他们认识到，“伟大”不是一种噱头，而是真正的教育者应有的追求。可以说，这所中学的教改是基于强烈的使命感发生的，用校长李希贵的话说，他们不只要办好一所学校，还要“培养更多的能改变这个世界的公民，以及把人类领向美好明天的领军人物”。该校的一句招聘广告语对此有简洁的表述：“来北京十一学校，和我们一起改变世界，以教育的方式。”

观察这所学校的所作所为，你会发现该校的一切努力正是朝着这样的方向——帮助学生发现自己，唤醒自己，成为自己，具有独立人格与自由思想而进行的。它反对以后退的方式解决改革中出现的问题。

每过三年，十一学校就在此前改革实践的基础上总结、梳理一次“关键成功要素”，从这些要素的变化大致可以看到学校逐步深入的改革轨迹：2010 年强调的是“课程”与“改革创新”，2013 年新出现了“个别化”和“内动力”。他们认为，只有在一个充满选择的校园里，学生的个别化需求才可能得到尊重，内动力才可能更好地被激发。十一学校打破师道尊严，在平等的师生关系中追求真实的教育；把资源用在离师生最近的地方；以学生的成长体现教师的价值与业绩；最大限度地弱化行政力量，让学校的管理者转变为师生的服务者——所有这些做法都是为了创造适合每一个个体发展的教育。毫无疑问，这应该成为每一所学校的追求。

教育界有一句著名的口号——“一切为了学生，为了学生一切，为了一切学生。”它常常只是存在于学校的宣传墙上和校长们的总结报告中，与学生的实际经历和感受相去甚远，因而被讽刺为最好听的空话。但十一学校的学子们认为，学校是学生的。他们有权力决定校长在“校园狂欢节”上扮演的角色：装扮成电影《加勒比海盗》中的杰克船长，或者装扮成《哈利·波特》中的邓布利多校长。学校和老师是学生的成长伙伴，“学校领导或老师如果做错了什么事，我们提出来后，他们马上就会去反思，去改正”“他们想的都是怎么样让我们更好，而不是要管我们”，学生这样说。

教育领域众多昙花一现的改革表明，教改的出发点和落脚点，如果不遵循教育规律，不着眼于学生和国家的未来，只为少数人谋取“名利”与“政绩”，就会成为花拳绣腿，经不起追问和考验。十一学校的改革之艰难、教师们的压力之大，都超出了外界的想象，但他们依然心无旁骛、乐此不疲，这源于他们强烈的改变教育的愿望，还源于他们有共同的价值追求，即通过学生未来对社会的贡献，实现自己的人生价值。

李希贵校长认为：“我们不是在改革，只是在落实国家的教育政策。”“其实，中国的城市中很多学校都可以办成这样。”崔永元在《我为什么推荐北京十一学校》一文中说：“之所以十一学校凤毛麟角，一是不知道怎么办，二是不想这么办。”由此看来，真正的教育改革能否发生，既取决于学校的价值追求，又取决于学校的改革智慧。

（原载 2014 年 4 月 15 日《中国青年报》，收入本书时略有改动）

发现学校

2014 年 3 月 29 日，来自湖北省黄冈市教育界的一批重要人物，包括著名的黄冈中学的校领导，结束了在北京十一学校第一阶段的学习。该市教育局局长王建学因此见识了一所与众不同的中学。“这是理想中的学校，代表着未来教育的方向。”他说，“时间太不够了，要学的东西很多。”

在他们到来之前，教育部刚刚在十一学校召开了新闻发布会，专门介绍该校 6 年来的教改经验，新闻发言人形容为“悄无声息”，但“惊天动地”。

虽然在此工作了多年，但有 30 多年教龄的于振丽老师“从没想过会有这样一所学校存在”，高三年级的黄启皓同学则说它“非常神奇”。这所已创办 62 年的学校，曾以纪律严明著称，连停放的自行车都得摆得整整齐齐。2007 年 10 月，李希贵辞去教育部基础教育质量监测中心负责人一职，出任北京十一学校校长，从前任校长李金初手中接过改革的接力棒。

“我们真正想做的，是为孩子营造一个适合成长的环境，让他们发现自我，唤醒自我，最终成为自我。”李希贵说。这使得他所在的中学必须重新定义学校——它不只是学生学习的场所，更是他们寻找同伴、犯错误和生长想法的地方。

2013 年，北京师范大学脑与认知科学研究院的专业人士对十一学校高中各年级学生做了学校满意度调查，结果显示校长的良好愿望没有落空：93.7% 的学生认为“学校平时做的和说的一致”，比例更大（97.3%）的学生则“为进入这所学校感到自豪”。

校园是学生生长想法的地方

在教育部的新闻发布会上，校方提供的材料没有提及高考成绩（尽管该校去年的 300 多名毕业生中有 81 人进入北大和清华），他们更在乎师生的真实感受。

十一学校的科学实验班意在培养“未来科技界的领军人物”，首届科学实验班的 30 人于 2013 年毕业，在回顾“十一学校最特别的地方”时，有 22 人不约而同地写到了“自由”“开放”“自主”“灵活”。在这座面积达 200 多亩的校园里，学生的自由自在，令一些外来参观者感到惊讶。

初一男生刘行健喜欢改写电脑程序，以攻破学校电教老师设置的安全屏障为乐，多次与电教老师斗智。他的“捣乱”行为暴露后，老师不但没有强行制止，反而把酷爱 IT 技术的他选拔到了“枣林村书院”，根据其要求为其“私人定制”了电脑。大约半年后，在学校拔尖创新人才培养的课题报告会上，刘行健旁若无人，手舞足蹈地演示了几款他开发的游戏软件。

“我们培养的不是‘小兔子’，而是‘小老虎’。”刘子宏老师说。她被学生称为“绵羊姐姐”。

“不占用学生自主学习和休息的时间，是对学生基本的尊重。”这句话被写进了《北京市十一学校行动纲要》——一份确定学校重大原则与基本价值观的纲领性文件。2013 年 12 月，有学生在网络上撰文，批评一些老师不遵守学校规则，在下午 4 点 20 分以后的自主时间里安排学科考试、选修课，“不同程度地强制学生参加”。

十一学校要创造学生对自己负责任的教育机制，把大量选择的机会还给了学生，引导他们学会规划和管理自己的时间。从 2011 年开始，高中部开始实行选课走班（初中部则推迟一年），学生每学期都得基于自己的现实与理想安排每天的课程表。而每天下午 4 点 20 分后的那一个多小时，则属于全体学生的自由时间，这使得社团活动变得前所未有的火爆。但是，在老师重新占用这段时间的大约一个月里，社团显示出了它脆弱的一面。校团委副书记看到，校园里原本很活跃的各个角落，“变得安静了”。

实行选课走班后，学生“神出鬼没”，一些老师因此感到很不安，认为不少学生在“瞎晃悠”。而过去的这个时候，他们正在埋头做题呢。学生已尝到了自由的甜头，现在又被老师圈在教室里，大多很不情愿。辩论社的几位学生把意见信塞进了年级设立的意见箱，没有得到回应，便在网上发帖，还给校长发了短信。

李希贵曾写过一本书——《学生第一》，他这些年的努力也是为了让这个理念变成看得见的事实。他把学生的短信转给几位学部主任，并问他们“这样做合适吗”。这场冲突以老师的妥协而告终，但一些人抱怨“校长太惯学生了”。

拜占庭街舞社喜欢举办舞会，主管活动的一位老师曾经批评参加舞会的女生穿得太少，要求那些穿抹胸的女生必须穿上披肩，而且不许外校学生参加。街舞社社长是一个男生，他特意穿了一件不带披肩的抹胸来到舞会上，以示抗议。

“校园是学生生长想法的地方。”李校长说。学校设立了众多奖项，鼓励与众不同、追求卓越、敢于担当，每年都有一批学生因为敢想敢干受到校长的嘉奖。校长从每年的稿费中拿出一万元，设立了“校长奖学金”。获奖者中有一个叫“学生内阁”的组织，它对学生军训改革、食堂等方面的很多建议，被学校采纳。

“造就一个充满选择的校园”

校服向来被视为抹杀个性的教育的象征，十一学校在2013年9月改变了它的形象，推出了50款新校服，分为休闲装、运动装和制服三大类，供学生自主选择，这在网上引来一片尖叫。

有人抱怨宿舍熄灯太早，校长就鼓励他们成立项目组，做关于作息时间的问卷调查。学生拿出的解决方案被校方采纳，宿舍从此有了三个不同的熄灯时间。

当一些外来者在课间惊奇地看到十一学校的学生背着书包在各个教学楼“上蹿下跳”时，他们可能不会意识到这些学生正走在发现自己的路上。

这场改革不可能一帆风顺，但用副校长田俊的话来说，“我们都认为是在做正确的事”。这其中，就包括“造就一个充满选择的校园”。

这让十一学校看起来像一家“教育大超市”，它的主要产品是课程，学生各取所需：4174 名学生形成了 1430 个教学班，每人一张与众不同的课表；全校 265 门学科课程，只有 17 门属于必选课程，另有 30 门综合实践课程、75 门职业考察课程。这些枯燥的数字体现的是“分层、分类、综合、特需”的课程体系，这表明学校在努力实施面向每个个体的教育。

面对琳琅满目的课程，许多学生最初手忙脚乱。“常见的问题，是没有想清楚就在选课平台上乱选，结果发现不是自己想要的那门课。”耿艺佳同学说。

即便是“卓越学生”陈天泽，在首次选课时，受虚荣心的驱使，不顾自己要出国读书的计划，“选了很多难的课”，结果连作业都完不成。

魏老师是“历史 I 课程”的主要开发者，这门课程主要服务于选择读工程、经济学、数理方向以及准备出国留学的学生，只需选修一年，但理科生陈天泽直到高三了还在上这门课。

“我们要在课堂上形成学生将来忘不掉的东西，就是关于历史的体验和思维方式。”魏老师说。教师核心的工作之一，就是设计好问题，激发学生讨论的兴趣。比如，回答“辛亥革命的伟大历史功绩是什么”虽然有意义，但更具挑战性的话题应该是：辛亥革命为什么推翻了清政府，却不能让中国走向富强？

魏老师还兼任学校“枣林村书院”院长的职务。书院的一大任务，是为学生创造课程，满足高度个性化的需求。四年制高一学部主任王笃年给魏老师打电话说，有十几个学生特别喜欢历史，能否给他们开门课？于是，就有了一门课专聊“历史原著”，安排学生每两周读一本书，然后讨论。有几个学生要上数学实分析，学校老师无人能开这门课，学校便把北京师范大学的一位教授请来，每周授课两个半小时。

高二学生刘佳琪不用再以装病的方式逃避体育课了，因为她选择了上最喜欢的羽毛球课。有的学生期待在泳池中一展身手，有的学生的兴趣是打网球或者击剑，而这些兴趣都能在 22 个模块的体育课程中得到满足。

刘佳琪在话剧《雷雨》中饰演了繁漪，并与几位同学自编、自导、自演了一部微电影；她选修厨艺课之后，第一次独立地给家人做了一顿饭；她上服装设计课的成果，是给一只“小熊”做了一件带抹胸的拖地长裙，被妈妈摆在家中最显眼的位置。包含 12 个剧目的综合戏剧课程、15 个模块的技术课程带给刘佳琪与同伴们“神奇的体验”。

“在难度最大的数学教学班里，他可能是全校瞩目的‘学霸’，但在音乐剧《歌舞青春》里，他可能就是个跑龙套的。在生物学科教室里，某学生已经成为学科助教；而在机械技术的课堂上，他不过是一位初级学徒。”李希贵说。每一位学生每个学期都会选择在近 10 个不同的同伴群体里学习、生活，他在每一个团队里都需要重新寻找自己的位置，扮演不同的角色，承担自己的责任。

在充满选择的校园和课程中，学生可以找到更多的同伴，尤其是有共同爱好的同伴。每个学生的交往范围，从过去的平均 40 人，增加到了 300 多人。2013 年的调查显示，超过 95% 的学生表示，“在学校里，我能找到一群志趣相投的同学”“我很喜欢我的同学”。

唤醒“心中的巨人”

刘毅伦既不是学生干部也非社团负责人，他的经历颇能说明一个学生的内动力在十一学校如何被激发。

若干年前，他从外地来到北京上小学，遭到小朋友的排挤，这个阴影伴随了他多年，结果上中学后，还是“一打电话就结巴”。

十一学校鼓励并支持每一位学生将自己的想法付诸实践，刘毅伦终于有了尝试的勇气。他抓住了新校服的机会。“能不能办一场校服发布会？”这个腼腆的男生问。他在网上抢到了“校长有约”的名额，在与李希贵校长共进午餐时，鼓足勇气说出了想法。

刘毅伦费尽口舌请到了28名男生、女生做模特，并邀请了40多位家长到场。2012年12月12日，他亲自主持了那场“很炫”的校服发布会，中间紧张得好几次忘词。他因此获得了“校长奖学金”，从此一改有点儿蔫巴的形象。2013年年底，他又成功策划组织了全校奖学金的颁奖典礼。但他更为人熟知的角色，是校服中心热情的导购员，在导购时他侃侃而谈，充满自信。校服中心位于图书馆一楼，看起来与服装店无异，从设想、选址、设计到装修、购买建材，均由刘毅伦和另一位学生做主。“这些经历让我对自己的设计才能更有信心。”他说。其职业方向是设计师。

在十一学校，凡是学生能做的事情，老师都会退居一旁，把空间和机会让出来。即便是接待美国前驻华大使骆家辉夫妇，校长也只是在迎接与送别时体现了他的存在，而像致辞、陪同和赠送礼品之类的任务都交给了学生。

“学校现在特别相信我们。”吴汉霄同学说。他是学校著名的社团拜占庭街舞社的成员，在其中体验到了音乐的魅力，不久前被洛杉矶音乐学院录取。

“唤醒心中的巨人”是十一学校2014年教育年会的主题。学校认为，要发现并唤醒潜伏在每个学生心中的内动力，只能走个性化教育之路，让他们在丰富的选择和体验中发现自己。

200多个社团成了不可替代的渠道，尽管一些老师仍对它们抱有偏见。校园里随处可见的各种海报大多设计精美，学生招募员工，组建团队，成立公司……

许多学生超越了获得社团课程学分的功利想法，忙得不亦乐乎。梁紫珮同学除了考试期间，几乎每天都在乐仁咖啡厅工作大约3个小时。这家咖啡厅位于高中楼旁地下一层的一个约200平方米的空间，与几家经营文具、小首饰、小玩意的“格子铺”为伍，这些“店老板”是招标会上的获胜者，每月只需给学校 10 元租金。

梁紫珮最初只想在这里玩一玩，结果“离不开了”，还成了主管。她用一年时间学会了制作咖啡，自信能让懂行的客人挑不出多少毛病。更重要的是，她提前实践了自己的商业理想。

如果出现资金和策划上的困难，校园经商者还可以向高二学生韩彦杰负责的“圆梦银行”求助。这家银行目前有 3 个固定的客户，还投资 2000 元成了一家小商店的股东。发放的最大一笔贷款，是为一名在“校园狂欢节”上卖鞋的学生提供了一万元的贷款，两周后收回本金，获得利息 100 元。

为自己奔跑

“哈佛的独特之处是什么？”陈天泽问哈佛大学的一位本科生。对方说：“它的独特之处在于，它教会学生如何拥有梦想，如何追逐自己的梦想。”

陈天泽认为这句话表达的正是他对十一学校的感受。他是学校“少年社科院”的院长，经常组织“院士”们讨论《1984》《动物农场》《通往奴役之路》一类的书，还举办过校园版的 TED 大会，并联系美国方面获得了正式授权。

“它很适合我。”陈天泽笑着说，“它给了我很多机会，让我去发现自己，走一条属于自己的路。”这番话在十一学校有点儿像陈词滥调，因为很多学生都这样说。

但对耿艺佳同学来说，这是一种挑战。她生活在一个管教很严的家庭，习惯了按照父母的想法成长，“没什么主见”。但十一学校让她变了。“在这里很多事情必须你自己去选择，做决定，老师只会提建议。”她微笑着说。她是一个很安静的学生，但你能从她的言谈中感受到一股力量。她曾提出不想参加月考，因为月考后的调整状态，至少会持续两周，影响后续学习。“老师列举了一些应该参加月考的理由，最后让我自己做决定。”耿艺佳说，“在这个过程中，我会不断培养自己独立思考和判断的能力。”

耿艺佳的父亲特别希望女儿学经济学，但她已不再对父母言听计从。这个从小就讨厌跟钱打交道的女生，觉得帮助别人更快乐，比如给同学讲题。高二下学期，她确定了未来的职业方向：老师或者翻译。她最感兴趣的是英语和德语，因此放弃了清华大学给的 60 分加分，决定裸考北大。她的同学黄启皓初中就读了《拿破仑法典》《论法的精神》，也没有接受清华大学给的 60 分加分，而要报考北大的法律专业。巧的是，还有两名理科生放弃了北大给的 60 分加分，选择报考清华。

在十一学校，越来越多的学生在填报高考志愿时不再被父母掌控。

魏老师是一位颇受学生追捧的教师，在宽大的研究室里，他靠在厚实柔软的沙发上侃侃而谈。担任教师 20 多年来，他从未像今天这样如鱼得水。魏老师笑称自己在重庆任教时过的是“人格分裂”的日子，心存一点儿教育理想，但不得不埋首于分数。

“在十一学校，我的教育理想‘卷土重来’了。”他笑着说，“过去，学校是包办婚姻，不幸的可能性很大；现在，是自由恋爱，这未必一定幸福，但是，幸福的概率要大，所以人们才追求自由恋爱。”

（原载 2014 年 4 月 11 日《中国青年报》，收入本书时略有改动）

追求真实的教育

在北京十一学校的“新陈代谢”中，老师经历了蜕变的痛苦与兴奋。不止一位教师流过眼泪，他们有时希望回到熟悉的老路，但内心又提醒自己“不能用后退的方式解决改革中出现的问题”。

这场逐渐深入的改革颠覆了老师对学生旧有的理解，促使他们重新认识那些熟悉的面孔。“我喜欢和期待的老师，不是把我当作学生的老师，而是把我当作叶枫的老师。”十一学校高中女生叶枫的话，重新定义了师生关系。

“我们以往过分夸大了学校教育的力量，通过感化，甚至把教育当作自己手上惩治的大棒挥舞，一厢情愿地把相同的教育强加在不一样的孩子身上。”李希贵校长说。师生关系一平等，真正的教育就出现了。

很多时候，学生是在“装”

距离北京奥运会开幕还有几天的时候，当年 44 岁的曹书德进京，成为十一学校的老师。此前，他任教于湖北省宜昌市的一所中学，是公认的优秀班主任，擅长让接手的班级朝他希望的方向改变。但在北京这所名校的经历使他认识到，当初使自己成为湖北名师与特级教师的许多做法“是错的”。“老师也要知错就改。”他笑着说。

尽管过去成绩辉煌，但曹老师坦言“那不是深入学生心灵的教育”。他说：“很多学生在那样一个班级中，是被裹挟着前进的，而且心生恐惧。”

曹书德个子不高，肤色略黑，笑容憨厚，但在湖北任教时，这位班主任的面孔常是“板着的，有一点儿苦大仇深”，只要他踱着步子走进教室，喧闹就立马消失，然后是一片翻书声。

有一次，曹书德问那些他在湖北教过的就读于名牌大学的毕业生，“回忆高中的时候，有愉快的感觉吗？”一名学生打破了令人尴尬的沉默，直言“没有”，但是感谢曹老师当初对他那么严格，“才多考了几分”。

“如果学生的中学阶段过得不愉快，我觉得教育就是失败的，因为那是他们人生中最宝贵的一段时光。你不能说就这几年痛苦，毕业后会享受幸福，这怎么可能呢？人生是不能被割裂的。”曹老师说。

他在十一学校的同事于振丽，与他有着相似的过去——把自己的印记烙在学生身上，“让别人一看就知道是于振丽教出来的学生”。

从这两位老师的过去，可以看到众多优秀班主任的影子：他们善良，为学生好，想尽办法让大家追着分数跑，有一股强烈的“我要改变你”的欲望；他们通常比较严厉，是做学生思想工作的高手，而且有得力、听话的班干部协助维持纪律。对这个“世界上权力最小的主任”，很多学生是又爱又恨。

北京十一学校的改革促使“曹书德们”不得不审视自己的历史：原来此前引以为傲的教育，可能并没有真正发生。“很多时候，学生们是在装，是投老师所好。”曹书德说。

十一学校的同一批学生在实行选课走班前后的表现“判若两人”，就很能说明问题。当有班主任头衔“罩”着的时候，“绵羊姐姐”刘子宏老师在学生面前能“说 A 就是 A”。

当学生不再属于一个固定的行政班级后，他们展现了真实的一面。

刘子宏老师想给一位化学成绩较差的学生讲几道题，被对方一口谢绝：“老师，我现在要去洗澡。”她还先后 6 次约一位化学成绩最高也不过 18 分的男生谈一谈，“但他一次都没来”。师生之间为此还上演过一次“猫追老鼠”的游戏：气喘吁吁的“绵羊姐姐”终于追上身高一米八几的学生后，听到对方说：“老师，最近我在学物理。”

连学部主任于振丽也像年轻教师刘子宏那样，被学生用一两句话就打发了。“我怎么办？只有等待，不放弃对学生的关注。”她强调，“教育需要宽容和等待。”

说这句话容易，真这样去做很难，尤其是对于振丽这样的优秀教师而言，不经历一番内心的纠结很难改变。回到两三年前，黄启皓同学眼中的这位学部主任，“几乎无时无刻不在修正你”：头发长了，不行；不好好走路，不行；上课低头看指甲，不行；作业没写完，不行。这些内容成了 2013 年成人礼上“师生反串”节目的素材，一生捶胸顿足，表情夸张：“我物理考成这样，有何颜面见于奶奶？”另一生一本正经，表情严肃地说：“××同学，你头发怎么那么长，该剪了吧！周一咱俩比一比，看谁头发短？”××同学于是嘟囔了一句：“这老师真多事！”这时，“于奶奶”就坐在台下，咧着嘴大笑。在学生眼中，这位“原来挺爱发脾气”的于老师，现在变得“特别爱笑”。

放养的学生反而最乖

十一学校没有了班主任，却提倡“人人都是班主任”——每个老师都应该负起教育的责任，但又不能继承传统的班主任管理方式。他们多了一个绝大多数中学老师没有的身份——导师，负责对学生进行人生与职业引导、心理疏导和学业指导。少数老师能者多劳，还得兼任教育顾问或咨询师。

一位年轻老师在学校内部的交流发言中，坦言他所面临的挑战：学生在觉醒，管理变成了服务，失去权威的老师应该如何为学生的成长服务？

教育顾问曹书德与所谓的“问题学生”交往比较多，他的经历或许会给那位年轻同事一点儿启发。“与老师交流时，我如果还在说怎样降伏了一个学生，我自己都会脸红。”曹老师笑着说。在学校“多一些对话，少一点儿强制”的氛围中，过去那种看起来“立竿见影”的做法变得越来越不合时宜。

曹老师需要经常克制改变学生的冲动，且老师能用来约束学生的手段已经所剩无几。有一种叫作“过程性评价”的机制，开发它，主要是为了“关注学生的学习过程并加以管理，随时随地以评价结果激励学生”，目的还是要实现“让学生学会为自己的行为负责”。其评价指标因学科而异，但都是学校希望学生“高度重视的关键因素”，比如，自学自研、完成作业、实验探究、与人合作的情况，以及在课堂上思考问题和参与讨论的表现等。有三个女生因为在魏老师的历史课上很少参与讨论，影响了评价的分值。她们在一个周五的中午找到了魏老师，聊了一个多小时，还哭了鼻子，这让魏老师暗自得意：“比我主动找她们谈效果好多了。”

中国的学校并不缺少那种动辄给学生贴上某种标签的老师，十一学校的以下主张无疑会解救不少学生：“在老师的心目中，不应该有坏学生，只可能有心智不健全的学生；学生在成长道路上犯错误，就像学习走路的幼儿栽跟头，绝大部分跟道德品质没有多大关系。”

曹书德约一名 7 次未参加升旗仪式的女生见面。在别的学校，这种学生可能会被戴上“不听话”的帽子。她对曹书德说：“曹老师，你想做我的思想工作吗？那我实话告诉你，已经不可能了。”曹老师和颜悦色，赶紧解释：“只是和你聊聊，交换一下看法，说完了也就完了，你服不服都没关系。”他们主要围绕两个话题讨论：“第一，在十一学校所有的规则当中，你觉得哪些内容是必须遵守的，哪些是无所谓的？第二，人出生之后，就注定有些东西完全改变不了，有哪些呢？”“学生最后没有完全认同我的观点，但也没有继续坚持她原有的观点，这种交流是不是能带给她一些思考？”曹老师说。

选课走班开始后，有一段时间，十一学校变得不再像过去那样井然有序。一名性格内向的新生，本来就很少与人交流，还曾萌生转学之意，过了大约两个月后才习惯这种学习方式。

教学楼里的卫生状况也令人“触目惊心”。有一个教室因为学生组织活动，一天竟扫出六七桶垃圾。高一年级自主管理学院的几位学生为此组织了一次大讨论，一名男生站起来说：“开这个会没有必要，因为这事没什么大不了，我们这个年龄段的孩子就是要率性而为、恣意妄为。”

有老师抱怨，很多学生不再像以前那样有礼貌了，还经常与老师争抢电梯；有的学生见到校长也不起身，继续坐在带有轮子的椅子上，在媒体出版中心的办公室里滑来滑去。

李希贵校长觉得这些倒不必担心，反而认为那种希望眼皮底下都是乖学生的传统教育更让人忧心，因为它掩盖了学生的真实问题。“如果学生没问题，我们就没有教育机会，也就不需要老师和学校了。”他强调，学校也是学生犯错的地方。

人是在犯错误中成长起来的。那名在年级讨论会上“大放厥词”的男生后来主动申请当了卫生管理志愿者。刘佳琪的第一个“小学段”（连续两周不上课，学生自主安排时间）几乎是在睡觉、玩耍和看时尚杂志中度过的，最后收获了“于心不安”。在最近的一次“小学段”中，她的表现不一样了：预习了下学期的 6 门课程，啃完了《百年孤独》，完成了研究性论文《论 20 世纪 90 年代的颓废主义文学》。

一位宿舍管理员告诉学部主任于振丽，他在学校 30 多年，感觉这一届高三学生最乖。而十一学校的选课走班正是从他们开始的。这让陪伴他们走过来的于老师有点儿得意，她笑着说：“放养的反而是最乖的。”

让教室成为学生最喜爱的地方之一

十一学校希望打破的是一种叫作“师道尊严”的东西，它常戴着“权威”和“强制”的面具。这所中学树立师生平等的意识，是从拆除高学生一截的讲台开始的。这个举动动摇了象征教师知识霸权的地位，迫使教师以平等的姿态面对学生。

讲台消失之后，教师的办公桌被抬了进来，安放在教室的角落里。2010 年，这所学校有 50 多年历史的教师办公室不复存在，取而代之的是一间间标有教师名字的学科教室。

《北京市十一学校行动纲要》指出，“只有在师生相处中才能更好地实现有效的教育”。老师必须坚持与学生相处。那些习惯在课后回到办公室的老师，短时间内很难接受这种变化，他们不喜欢把自己的状态全部暴露在学生面前，“感觉很别扭”。但办公室已经回不去了，他们需要考虑如何把自己的学科教室当作家一样去布置。这个新事物出现一段时间后，老师们发现，它们的受欢迎程度其实与自己的魅力有关。如果一位老师除了上课期间，一天到晚面对的都是冷冷清清的教室，那他会坐立不安的。

历史老师贺千红“特别优雅，给人不食人间烟火的感觉”。“她袅袅地走来，往教室里一站，全班就不说话了，都看着她。”贺老师的学科教室不设垃圾桶，她认为“有碍观瞻”，养的花也很精致，还挂了一些字画。当教室里比较暖和的时候，她会语气温婉地嘱咐大家：“千万不要在这里吃东西，我怕蚂蚁进咱们这个屋子里来。”

学科教室成了师生们交流最频繁的地方之一，在 2012 年年底的调查中，首次成为最受学生欢迎的十大校园场所之一，而前几年的调查结果中，学科教室难觅踪影。也是在这里，耿艺佳同学发现地理老师汪春燕很少能在中午好好吃顿饭，“她要么不吃，要么就吃方便面。有一次，她累得直接趴在办公桌上睡着了，我看着特心疼”。黄启皓同学有一回则目睹政治老师刘梅“看着电脑，看着看着就睡着了”。

学校把学科教室交到老师手里，目的是更好地服务学生。2008 年是十一学校的“课堂成长年”，一种理念从此逐渐深入人心：“课堂是学生学习的地方，是学生的舞台，并非老师展示自我的地方。”以精彩授课著称的生物老师王春易，大约花了一年的时间才完全接受这种观点。

长期以来，王春易理所当然地认为，“教育、教学是一回事，就是上好课，讲好那本教材”，没有意识到“自己面面俱到、精彩纷呈的讲解恰恰束缚了学生的创造力和思考力”。“我把课堂还给学生，不但没有失去它，还焕发了从未有过的活力。”她说。她从未像现在这样被学生的自主学习能力折服。2012 年，她和学生一起完成了近 30 个分组实验，品尝到了自制的果酒、果醋和泡菜。

湖北省黄冈市教育局局长王建学第一次走进十一学校的课堂时，

“感到很奇怪”：一个课堂里有两个老师，一个在台上讲，部分学生听；一个在教室后面的办公桌前与几个学生轻声交流，还有几个学生自己看书，既不听讲，也不发问。“只有当课堂属于学生时，他们才能有这样的自由。”王建学说。还有一回，刘梅老师上公开课，主题是“理财”，一名学生走上前台，面对校内外的老师，滔滔不绝地讲了几乎一节课的股票，大家听得兴致盎然。刘老师很少插话，面带微笑看着学生。

对老师的情感毫不吝啬

“那几个成绩很差的学生，如果不参加考试就好了。”在湖北宜昌时，曹书德身处同事暗中较劲的“分数谁排第一，谁排第二”的环境，偶尔也“很阴暗地这样想”。但十一学校反对这种想法，因为“如果你讨厌你的学生，那么你的教育还没有开始，实际上就已经结束了”。

要成为符合十一学校价值观的老师，还必须重视以下两句话，它们也出自《北京市十一学校行动纲要》：“学生在你心目中的地位有多高，你在学校中的价值就有多大。”“我们可以原谅许多东西，但永远不能原谅的是对学生和教学的轻慢态度。”

黄启皓同学以略带夸张的表情说：“在十一学校，如果我问一个老师问题，或者想和哪位老师聊聊，被对方拒绝的话，那简直就是惊天奇闻，值得我们用整个午饭时间来说这件事。”

没有了固定的行政班级，学生选修不同层次、不同类型的课程，所以为班级分数排名的做法，在十一学校既无必要也无法继续存在。“我更看重的是能不能去影响一个又一个具体的学生的心灵、情感。”曹书德说，“与学生交流，启发他去思考，让他的情绪由消极变为积极，这样的成就感比过去给我评一个先进班集体，要大得多。”

曹书德等老师的行为，需要接受学生的检验。这所学校淡化了评价的力量，围绕学校的生态，如师生关系、同伴关系、干群关系和同事关系等，开发了多种诊断指标，诊断“最重要的目的是促进诊断对象的进步”，因而都从正面表述和引导。师生关系在调查问卷的描述中变得很具体：“成绩不是老师评价我们的唯一标准”“老师不会因为成绩的好坏而对我们区别对待”“老师鼓励我们思考和规划自己的未来”“无论家庭背景如何，老师对我们都能一视同仁”……

这样的师生关系，会带给毕业生怎样的回忆呢？孙婧妍同学在2013年高考中获得语文148分的成绩，如今是清华大学中文专业的学生，她应人邀请写了一篇《漫谈语文》，在其中这样表达对十一学校四位语文老师的感激：“这些老师的共同点，就是他们重视的是学生的语文素养，而不仅仅是分数。”“遇到他们之中的任何一个都足以成为喜欢语文的学生的幸运，而从头到尾都由这些老师教导，我只能说，我没法再奢望更大的福气。”

十一学校的学生表扬和感谢起自己的老师来，就像孙婧妍这样热情奔放。闫朝霞老师在2008年生日当天收到一张学生自制的“《京城青年报》”，上面刊登了她的两张照片以及全班同学的祝福与感谢语。有多位老师在教师节那天成了众多国内外“著名刊物”的封面人物，校长一张面带微笑的照片还登上了“《时代周刊》”。当然，这些刊物都出自学生之手。

高三学生耿艺佳兴致勃勃地展示了老师发给她的许多条短信，小小屏幕上满是各种笑脸、鬼脸和温暖的话语。她说：“老师发的短信，就是一个字我都不会删的。”

李希贵校长向全校4000多名学生公布了自己的手机号。学生的短信，“即使内容很无聊，校长也会给我们回复”。2013年李希贵生日那天，几名学生想逗他玩，装作他在山东的老朋友，编了一条短信发过去：“老李啊，还记得咱们一起在山东的日子吗？听说你现在把十一学校办得风生水起，不错啊！今天是你生日，祝你生日快乐！”黄启皓同学哈哈大笑，说：“他居然回了‘谢谢你’！”

（原载2014年4月12日《中国青年报》，收入本书时略有改动）

让教育自由呼吸

在 2014 年十一学校召开的教育年会上，一位旁听的外校老师向结束主题发言的潘国双老师提问：“你觉得十一学校与你之前所在的单位相比，有何不同？”潘老师曾在北京一所高校任教 6 年，2009 年从北京师范大学数学系博士毕业后来到这所中学。他回答：“我不喜欢太多人管我，也不喜欢被规章制度限制，限制越多，就越不想做事。”但这位年轻博士每天都马不停蹄地工作，却依然乐此不疲。

潘老师在课程研究院领衔课程数学 V 的开发工作。2012 年 10 月，学校还为他成立了“潘国双高端数学研究室”，让他和学校里最有数学天赋的学生待在一起。当时他教的是高二，根据正常的工作安排，2013 年他应该教高三。但为了潜心开发课程，他提出不教高三，也如愿以偿。

“建设家一样的学校”，是十一学校工会主席马玉琴 2013 年与来自上海的同行交流时的报告题目，而这也契合了潘老师对十一学校的感觉——自由自在。

让人感到自由而非被控制

十一学校的老师累，有目共睹。该校从 2013 年开始实行小班化教学，每个教学班最多不超过 24 人，这使得老师教的班级数增多，工作量翻倍。按高二学部主任王春易的说法，一位老师大致要承担这些工作：课程的开发和实施，落实个别化教学，兼顾教育的责任，在各种分布式领导中负责某项工作。

上海市迎园中学校长祝郁在十一学校学习期间，好奇地问授课的老师如何克服职业倦怠，“但他们说根本没有这个概念”。

毕业于北大中文系的刘伟老师发现，如果与十一学校的同事谈论房子、车子或者去哪里旅游等话题，“很难引起大家的兴趣”，“他们的兴趣点都在学生身上，都是教育”。

在职业倦怠感突出存在的基础教育界，这群中学老师的精神状态确实令人惊讶。

一群外地老师在一个周末参观十一学校时，在教室里遇到不少伏案工作的老师，当他们得知这些老师是自愿前来，而且没有加班费时，有人嘀咕：“那他们干吗来呢？”如果用一句话来回答这个问题，那就是十一学校老师常说的，“我们做的是正确的事情”。

在经历了“课堂成长年”“课程成长年”之后，十一学校的老师在2014年迎来了“反思年”。“要静下心来，找到真正的问题。”校长说，接下来的三年，选课走班下的小班化课堂教学是重大的挑战，“只有应对好，学校才会安全，才能始终保持优质教育的状态”。

十一学校不搞一刀切的改革模式，但强调共同的价值追求。发动老师研究制定《北京市十一学校行动纲要》，是李希贵出任校长后做的最重要的事情之一。他说：“弄清楚我们到底要干什么，提倡什么，主张什么，反对什么，这是任何变革的基础。”在课程改革之前进行学校行动纲要的研究，“更重要的是，我们要把学校文化‘股份制’，让价值追求成为每一个人的事，而不是校长的事”。

从2007年的暑期工作会开始，共有475人次参与了三轮大讨论，学校收到各类意见和建议684条。于振丽老师说，从教数十年来从没有这样与同事们酣畅淋漓地争论过。从那以后，这样的争论成了他们工作中的一部分，一位外校来的挂职干部因此惊讶于十一学校老师之间的坦诚，“甚至担心他们会打起来”。

在激烈的交锋中，一些老师固有的想法开始动摇。2009年11月，学校召开教代会对行动纲要的试行进行表决，它以97.4%的赞成率获得通过。纲要中对教师职业的定位，成为引用率颇高的“名言”：“教师……从事着世间最复杂的高级劳动……在学生今日之爱戴与未来的回忆中寻找富有乐趣的教育人生。”

十一学校认为，优秀的领导者能让人感到自由而不是被控制。为此，学校在很大程度上弱化了行政的力量，老师不会被要求写教案，学校也不检查他们考勤、课堂教学及批改作业的情况，想怎么上课都行，只要有利于学生。而且，只要是学生喜欢的老师，学校就可以包容他的某些“缺点”。

数学教师潘国双几乎不给学生留作业，因为他读中学时最烦老师这一招。“我很难想象学校能给我们这么大的自由度。”贾祥雪老师说，“学校不要求一些琐碎的形式，解放了我们很多时间。”

鼓励先进，允许落后

伴随改革而生的一些新举措，是一些老师闻所未闻的。而这种颠覆式的改革没有引起老师内心普遍的恐慌，得益于学校倡导的一种改革文化：鼓励先进，允许落后。

“允许落后，我们就有一种被理解的心情，研究能力和上进心就会被激发。”语文老师闫存林说，“越被压制，反而越不愿改变。”

孟邻老师过去四年都在高三学部，那些年高三尚未启动改革，她似乎置身于这场改革之外。2013 年高考一结束，高三学部召开教师会议，她以为是庆功会，没想到是培训，主题是“转变角色，迎接挑战”。会上一些不断被提及的名词：分布式领导、教育顾问、咨询师、过程性评价、自主管理学院等，让她感觉“真是一头雾水，非常茫然，想象不出这些工作该怎么做”。

在高一学部工作半年后，孟老师在教育年会上分享自己的转变时说：“不知道我是不是最后一个进入课改的老师，大家都已经跟课改结了婚，而我才开始谈恋爱。”

优秀的领导者能让人感到自由而不是被控制。

"允许落后应该成为组织推进变革的重要策略。"李希贵说，"确有一些需要很长时间才能接受某些新生事物的同事，要允许没有赶上的同事在后面，给他们一个旁观、思考、彷徨的过程，否则，他们就会焦虑。"

孟邻老师经历了"谈恋爱时的激情、苦涩和甜蜜"后，认识到"这场改革是回归教育本质，是要减少教师对学生的控制，让学生自由选择，学会选择"。她说，只有内心认可，才会真心实践，因此她必须振作精神，而不是怨天尤人。

语文和英语学科也没有参加最初进行的分层、分类、综合的课程改革，"因为当时这些课程的老师还没有完全想清楚，经过一年的思考、彷徨，特别是在其他学科的影响和感召下，语文和英语学科在第二年才开始改革"。

十一学校推动变革的另一个策略是"鼓励先进"，让他们传递变革的希望与力量，潜移默化地影响其他同事。譬如创立"王春易教学方式变革研究室""方习鹏教学评价研究室""周志英探究教学研究室""贺千红过程评价工作坊""侯敏华学生咨询工作坊"等。学校还会创造各种机会让这些"先行者"在各种大小场合现身说法，把他们的照片与主要事迹贴在学校主路旁的宣传栏里。

破除组织结构的障碍

1994 年开始实施的《中华人民共和国教师法》第十七条规定："学校和其他教育机构应当逐步实行教师聘任制。"十一学校落实了这一条，因而催生了一句话："聘任是最好的评价。"该校实行的是学部（年级）与教师之间的双向聘任制，每年一次。

学校把教师的聘任权放在了学部，校长只有确定学部主任的权力，接下来，就是学部主任与老师双向选择的过程。高三学部主任于振丽不希望自己的权力过大，她只选备课组长，请组长再去组建各自的小团队。一般来说，高三学部优先选择老师，但因有条条框框的限制，不能为所欲为地把最好的老师“一网打尽”，必须搭配各种层级的老师。老师们的职级分为 8 档，从“基础一”到“学科带头人一”，与工资待遇挂钩，特级教师不一定能拿到最高的待遇。

“这种双向选择的过程很刺激。”副校长田俊说。口碑好的老师会被学部主任争抢，碌碌无为者则会受到冷遇。全校 300 多名老师每年都有几位落聘，他们或者离开学校，或者转岗至非教学岗位，或者在学校的交流中心学习，等待机会。

如果学部主任给众人的印象是“不好共事”，或者“没水平”，到第二年双向聘任时，他可能会因聘不到足够的老师而下台。

以年级为单位的学部，在十一学校的改革中，获得了前所未有的自主权，集教育、教学、科研和管理于一身，终于扬眉吐气。

从 2007 年开始，学校用了约 3 年时间，把 10 多个中层部门压缩至 4 个，它们不再行使管理权，只作为职能部门与年级以协商的方式合作。让企业界受益匪浅的“扁平化”组织结构在这所中学扎根。

“谁都不会否认以学生为本，以教学为中心，但真正让这样的追求落地，并非易事，原因就是组织结构存在很大障碍。”李希贵在一篇文章中写道。在一般的学校里，普通师生与校长隔着四五个层级，“这样的结构会生出繁文缛节，真的能够以学生为本实在只能靠碰运气”。

几年前，当刘笑还是学校的年级主任时，教导处是她的上级，“我们按照它的各种指令行事，不用动太多脑筋。年级的自我设计与管理，是不可能发生的事情”。现在，她成了教导处主任，却已经没有了前任的那种权力，属于她的关键词是“服务、规划、协调”。有老师开玩笑说：“见到教导处的不害怕了。”

但从理念到行动，有一段艰难的路要走。教导处的不少职员依然怀念在办公室发号施令的工作方式。“服务？那岂不是比学部低一等，伺候别人？”他们这样说时，刘笑只好领着他们重新认识“服务”：不是伺候人，而是要为教育教学一线提供有力的支持，为他们创造更好的工作环境，归根结底“是为学生提供更好的服务”。

但刘笑也没想到，连装黑板这种原本属于总务处的活儿也落到了他们头上。刘笑找到校长说："实在忙不过来了，装黑板这个活儿能不能让总务处干？"校长反问她："跟一线教育教学有关系的事情，你认为总务处和教导处谁更了解？""这句话点醒了我。"刘笑说。她在2013年暑假心甘情愿地待在学校，与黑板为伍。

自从学科教室出现后，每间教室都在追求各自的特点，"需要做个性化设计"。不过，老师们绞尽脑汁地布置学科教室时，并没有想到它们有一天会成为高考考场。教导处在2013年布置考场时，把几间教室墙壁上的东西都摘了下来，把书柜搬了出去，"老师们在一旁心疼得直跺脚"。学校只好暂停这项工作，向海淀区教委申请用大白纸盖住教室四周。教委派人来到学校，四处看了看后，终于点头。

2014年，十一学校早早递交了报告，申请把考场挪到体育馆、篮球馆、羽毛球馆、报告厅等地，不再使用学科教室。刘笑说："这样一来，布置考场的任务就变得更复杂了，但作为教师文化象征的学科教室不会再受牵连了。"

事实上，如果刘笑不能保护好老师的学科教室，可能会影响到老师对她的满意度测评。十一学校从1988年开始实行的对校长信任投票制度、对干部满意投票制度仍在进行。当前者的信任率低于51%时，校长将主动提出辞职；后者的满意率低于70%时，干部将不适合承担其职能。2013年8月28日，教代会公布了由贾祥雪等6位监票人、计票人签字认可的"校长信任投票统计结果通报"：正式代表105人，投出信任103票，不信任1票，弃权1票，信任率为98.1%。

教代会代表说，投票是无记名的，根本不知道是谁投的票。"从校长到各个部门，如果服务不好，我们就会给差评。"

2013年春季的一天，一位就读于北大的十一学校的毕业生，在网上发帖讲述母校在北大招聘会的情况，并附有一张广告牌的照片，上面有一句口号："来北京十一学校，和我们一起改变世界，以教育的方式。"高三学生耿艺佳在网上看到这句话后，心潮澎湃，"一整天都平静不下来"。她说："一定要回十一学校做老师。"

田俊老师2013年带队赴北大招聘，更多的是向学生们讲述十一学校正在发生的事，告诉北大的毕业生“我们理想中的学校是什么样子”。他们希望通过描述一个共同的愿景，呼唤和吸引那些有共同教育理想的人进入学校。

（原载2014年4月15日《中国青年报》，收入本书时略有改动）

“不唯高考，赢得高考”

编者按：一位教育厅厅长建议“废除高三”，理由是“高三反反复复复习，把孩子的思维搞得变形了，把他们对知识的欲望、对知识的兴趣磨灭了”。废除高三，结果只能是把高二提前变成高三。而北京十一学校提供了更现实、更积极的思路：改造出不一样的高三来。

升学率像一个魔咒。以提高这个数字为目的的教育改革，不是理想的改革。但评价一项教改的成败，在当下的中国又无法绕开它。北京十一学校2012届毕业生，入校时的中考录取分数线排在全海淀区的第6位，高考时600分以上的人数位居全市前三名，这样的成绩无疑将提振十一学校继续推进教改的信心。

上述高考成绩，不是题海战术的“战果”，而是在保护、激发学生的学习兴趣，关注学生个性发展与情感需求的前提下，水到渠成的结果。学校应如何保护学生，降低高考指挥棒的负面影响，如何在高三这一年保持他们对学习和生活的热爱，如何让高三的教育坚持尊重规律、着眼长远，十一学校的探索给了我们不少启示。

可能有人会认为，在这所拥有雄厚师资力量的学校进行的高三课改，难以在众多普通中学推广，但无论如何，它代表了一个方向，至少，各地的“超级中学”有条件“群起而改之”。

6 月 8 日，北京市高考结束的第一天，一些毕业生又出现在王春易老师的生物教室里，有的翻看教室书柜里没有看完的书，有的探讨因高考暂时搁置的问题，还有人就是来看看自己曾经照顾过的花草鱼虫。

十几天后，这些学生依依不舍地告别了中学时代。在丰富的毕业活动（包括谢师会、泼水节、毕业典礼和舞会）中，他们用拥抱、热泪、泼水和动情的语言表达自己对学校的情感，并为每位老师献上独特的答谢词和礼物（如乌龟抱枕、手工制作的元素周期表、贴有每位同学照片的相册）。

校长李希贵在泼水节上被学生泼得浑身湿透。他很享受这种看得见的“平等”，“反击”起来也毫不手软。

因为高考，高三几乎与“压抑、枯燥、疲倦”等词画上了等号：但十一学校想用“生动、淡定、有追求、很阳光”这些积极乐观的形容词重塑高三的形象。“高三也是生命的重要组成部分，我希望学生们愉快地度过。”李希贵说，“如果这一段时光没有过好，埋下痛苦、苦闷的种子，未来就会结出苦恼的果子。”

十一学校在过去一年，致力于改变适合“苦闷的种子”生根、发芽的土壤。它大幅度缩减课时与题量，把大部分时间还给学生，激发他们自主探究的活力，使得他们在紧张的学习中依然保持对生活与梦想的热爱。

不改变高三，不是真正的教改

高三学年伊始，叶大家同学就向生物老师王春易提出：“这一年，我不上你的课，也不做作业，行吗？”她如愿以偿。

王春易 32 岁被评为特级教师，以引人入胜的讲课方式见长。她还批准了另外几名学生的同类申请。

在十一学校，符合一定条件的学生有申请不做作业、不听课的权力。每个人都可以灵活安排自己的学习时间和进度，以他们喜欢的方式学习。大一统的教学方式在这里已经不受欢迎。

总的来看，这所学校的高三显得有点儿“散漫”，虽难免紧张，但压力已明显减轻。许多中学领导害怕看到学生松懈的状态，会刻意营造一种“高压”的氛围，把这些标语贴在教室——“今日疯狂，明日辉煌”“血狼精神，与我同在”。十一学校却在高三提出新的主张——“将自主学习进行到底”，“讲给别人听是最好的学习方式”。

它在《北京市十一学校行动纲要》中重新定义了课堂的含义：课堂是学生学习的地方，是学生的舞台，并非教师展示自我的地方；减少讲和听，增加说与做；学生已经会的不讲，学生自己能够学会的不讲，即便讲了学生也不会的不讲。这些观点是全体教师讨论的结晶。

不过，要在高三继续保持这种课堂教学方式，仍有一些老师担心高考成绩会受影响。普遍存在的观点是：教改只是高一高二年级的事，而到高三，应放弃之前的探索，重新回到应试的老路，带着学生们一头扎进题海，才是正常而现实的选择。

但王春易说：“如果高三不变的话，自主学习的改革就不是真正的变革。”她和生物学科组的同行，此前一年都在探索自主学习课堂在高三是该坚持还是放弃。她也经历了犹豫和纠结，最终在 2011 年 6 月 18 日的高三年级会上坚决表示：“我们绝对不会回到从前，绝对不会重新占领课堂，绝对不会像过去那样事无巨细地串讲每个知识点，不会再由老师总结梳理知识网络图，一黑板一黑板地写。”

有了动力，学习才会快乐

学校在争议声中以大幅度减少课时的方式，迫使老师们寻找新的教学策略：高三的每门课由每周 6 课时减少到 4 课时。晚上与周末都不补课，下午的大部分时间安排学生自习。

一些从教二三十年的老师声称，从未有过这样的经历，“心里很不踏实”。

但化学组的一项统计表明：做完一套试题，大约只有三分之一的学生有问题，“如果在全班统一讲题，三分之二的学生只能陪读”。而大部分问题在小组合作学习中就能得到解决，十道题中真正需要老师讲解的，可能只占五分之一。

老师们告别了“从头讲到尾，口吐白沫，还觉得时间不够”的状态，以前需要讲授八个课时的内容，现在只需讲两三个课时。

事实证明，把课堂交给几十人主导远比交给一个人主导更加精彩，而且避免了在高三反复炒冷饭的枯燥与低效。教学方式的改变能使旧知识焕发新活力。

十一学校毕业班的学生不能只顾自己学习，还需要承担起指导同伴的责任，与大家一起分享自己的思考和理解。譬如叶大家同学，她复习生物的方式就是为同学“答疑”。她经常在教室里大喊：“谁有问题就找我呀！”

每一个学生都有机会成为某堂课、某份试卷的主讲者。在马莱丝同学的班上，学生会按照名单轮流讲解英语试卷。“把一套试题分析透彻，比做很多套试题更有用。”她说，当时有“拼命要把别人讲明白的冲动”。

高三让人诟病的原因还在于它的急功近利，“高考考什么，就学什么”。但十一学校大胆提出“不唯高考，赢得高考”。他们认为，在高三还需要继续为“培养有想法的学生”努力。

有想法的学生一般“有问题”。高三年级的老师乐于看到学生显露的问题意识。一些学生开始质疑教材或命题，让王春易感到欣喜。在她的课上，学生如果提出有价值的问题会得到表扬，而提不出好问题的学生则要接受“命5道题的惩罚”。王春易老师的生物课像生物研究的世界那样多彩，由阅读课、小组讨论课、动手实验课、习题分析课、师生问题讨论课、教师精讲拓展课和试卷讲评课等组成。

十一学校也有高考前的“百日宣誓”，但它的主题耐人寻味，带着调侃的味道——“来真的”。誓词出自学生之手，但强调“心无旁骛，乐学为先”“成败何惧，但求无憾”。

十一学校希望激发学生学习的动力，“他们有了动力，学习才会变成快乐的事情”。事实上，近些年该校一直致力于课程开发和试验选课走班，希望建立起适合每一个学生的分级分类课程体系。

高三学部副主任杜志华老师介绍说，这些学生从入校之日起，就被要求学会管理目标、时间、方法和身体。高三正是检验这些学习成果的时候。他们各自制订并努力执行与众不同的课表，那些独特的学习计划常常精确到分。

从期待老师写下一黑板、一黑板的知识点，到自己通过研究、分析、归纳、总结，把书“由厚读薄”，再“由薄读厚”，马莱丝同学说，这种感觉很美妙。“原来是画重点，到高三下学期，开始往里添东西，看到一句话，能想到某道题，以及对某个知识点的深入理解。”她强调，“就是在看的时候，脑子里会蹦东西出来。”

樊世奇同学则表示，她已具备这种能力：对历史、地理与政治课，只需要用三四张 A4 纸就能归纳出一本书的重点内容。

把题海变成游泳池

这天，生物组组长王春易和她的同事发生了争论。她主张每天布置给学生的题量，只能打印在一张 A4 纸上。但其他老师坚持选用 B4 纸，它比 A4 纸要大一倍。“我是组长，必须听我的。”王春易说。但老师们在排版上动了脑筋，把 A4 纸排得很密。

高三学部主任田俊说，精选习题，不搞题海战术，避免侵占学生自主钻研和消化的时间，是十一学校高三课改的重要思路。

克制厌恶情绪，反复做题，是无数考生的学习常态。6 月 8 日，河北某中学的一名毕业生，在网上展示了她高中做的大部分试卷，堆起来高达 2.41 米。

即便北京的中学，大多也不敢轻视题海战术。邓琪君同学的初中伙伴在另一所中学读书，伙伴在电话中抱怨“每天除了听课就是做题”。

“她连上一份卷子错在哪里都不知道，就开始做下一份了。”邓琪君说，“他们的作业量是我们的好几倍，每天晚上还要补两节课。”

方习鹏是一位有27年教龄的物理老师。他说：“每年高三的师生都很辛苦，就考那么点儿东西，却做了太多太多无用功，得不偿失。”

他在2011年暑假迎来变化。高三年级组奋战两个多月，打破知识点的条块分割，编写出各学科的复习规划书，把精华浓缩在一两本册子里（如化学规划书仅140页）。“如果老师能够对考点、试题进行有效提炼，就能有效减轻学生的负担。”方习鹏说。

要让学生跳出题海，老师必须跳进题海。老师们浸泡在茫茫题海中，打捞最有价值的习题。有人因此一天的睡眠时间不足4小时。

“不做题不行，傻做题也不行。”数学老师崔君强说。他布置的作业很简单：“每日一练”的几道基础题（预计做题不会超过15分钟）和每个专题精选出的6道题。对有额外需求者，再有针对性地提供两道题。

“不规定必须做多少，把选择的主动权交给学生。有的题就印10份，叫‘餐后甜点’，谁需要就提供给谁。”崔老师说。学生们在高三“快乐地累着”。

“做老师给的题目，觉得很爽、很有趣。”张蕾同学说。她在英语作业的记录表上，几乎每天都画一个笑脸，表达内心的感受。

“老师把题海变成了游泳池，很大幅度降低了我们溺死的风险。”张蕾笑着称赞那些“救生员”。和很多同学一样，她每天只做老师布置的题目，平均每门课的作业时间只需半小时。学校对15个班作业量的一次随机抽查结果显示：学生花在物理、化学和生物等学科上的平均时间分别为39分钟、38分钟和35分钟。

十一学校的这些主张让一名记者感到疑惑：“难道你们不重视高考升学率吗？”答案当然是否定的，只是它重视的方式与别的学校不同。“我们特别关注优异的成绩是如何获得的。”李希贵说。这关乎学校的育人目标。

他认为，研究学生20年后需要什么，比关注有多少学生考上北大、清华重要得多。“必须给学生时间，这样，他们才有可能在这一年里学不一样的东西，学他需要学的东西，学对他最重要的东西。”

高考不能替代生活与梦想

只有跳出题海，学生才有时间和心情在高三过自己的生活。

“在十一学校生活期间，你印象最深刻的一件事是什么？”王宇橙同学的回答是：“养薄荷的经历。”

他在调查问卷上写道：“我承担了养薄荷的责任，起初并不上心，偶尔浇浇水。一次放假归来，发现它们几乎干死了，我很后悔、很自责，之后悉心地呵护它们，每日浇水、松土、梳叶。此事让我学会了担当和负责。”

他认养的薄荷与绿萝、虎刺、岁岁红、蟹爪兰、巴西龟、青蛙等动植物一起，被放置在生物教室。高三一年，学生与这些生灵一起成长。他们中有人会在两个多月里每天去观察一条金鱼的“怀孕”情况，结果发现它是饱受腹胀之苦。一名女生在紧张的学习中还为一只小青蛙的死亡，“伤心了好几天”。

“我希望从我们教室走出去的学生，不仅成绩好，而且热爱生活、关爱生命、敬畏自然。”王春易说。

历史老师赵文龙在网上看到的是另一种高三生活，却更有代表性：在一所中学，学生晨练时一边跑步一边看书。“我感到震撼和悲哀。”他说。

在高考沉重的压力下，一些中学生会选择撕书、烧书来发泄内心的压抑。十一学校的毕业生却舍不得扔掉自己用过的书，他们在校园里摆起地摊，低价把书卖给师弟师妹们。蒋欣则同学把书搬回了家，其中包括 30 多本他在高三买的中英文小说。他的一个同学则喜欢与韩寒、沈从文等人在文字中相遇，每月要看两三本书，每天中午还要花费 45 分钟用来唱歌、跳舞。

一些学生认为，他们不只是在为考上好大学而努力，而是在为自己的梦想拼搏。睡在樊世奇下铺的同学，想当作家，一直在写小说，高三下学期还创作了一个清朝人与蛇的故事。一名女生以后“想在一条街上开无数个铺子，每个铺子都能满足人们对不同职业的需求”。她找政治老师分析试卷，却花了很多时间和老师谈论这个梦想，得到了老师的认同，“回到宿舍后激动得一边叫一边跳”。

这不是一群两耳不闻窗外事、一心只读高考书的学生。足球、电视剧《心术》、纪录片《舌尖上的中国》等，都成为他们课余谈天论地的话题。

但高考来临，他们还是不得不放弃一些爱好。樊世奇同学从四年级开始写到高二的日记被迫中断了，只能隔三岔五“记一记”。一名女生周末回家也很少再串门。她的小姨甚至不敢轻易给她家打电话，怕影响她学习。

体育课还坚持上，每周两节，学生可以自由选择喜爱的运动。但在海淀区组织的第一次模拟考试结束后，一些学生想占用体育课时间复习，被老师“轰了出去”。

高三学生大多把自己的社团交给了学弟学妹们“经营”，但在2011年年底，他们和打扮成杰克船长的校长，扮演哈利·波特、佐罗、唐老鸭和米老鼠的老师们一起，加入了校园狂欢的队伍。

在“模拟五洲城市运动会”上，高三年级也奉献了精彩的创意和节目。薛柳君同学所在的十班代表悉尼，她花两周时间设计、制作了一个高三米、宽六米的悉尼歌剧院模型。当它矗立在操场上时，全班同学拼命鼓掌。“那一刻带给我的激动和兴奋，我永远都不会忘记。”她说，“我居然还有时间在高三做了这样一件事。”

他们还组织了“成人礼”，每个班自行设计蛋糕，排练一个节目。马欣然同学所在的文科五班经民主投票后，决定设计车型蛋糕，演唱改编版的《老男孩》。她的母亲特意从黑龙江飞回北京，和丈夫一起见证那个时刻。家长们给各自的孩子写了一封信，祝愿他们今后的人生如成人礼的主题——怒放·光芒。

会怀念“老师、同学和高三快乐的日子”

6 月 5 日，高三年级的最后一课，任课老师们以各种方式表达对学生们的关爱。文科五班的老师给他们送去了巧克力、贺卡和贴心的鼓励。历史老师赵文龙有感情地朗诵了他为学生们写的《九万里风鹏正举》。

学生熟悉每位老师的特点，“要抓住老师们身上好玩的地方，给他们出题，让他们表演”。

地理老师赵蓓擅长心理辅导，学生们请她“抚慰班上一条抑郁的狗”。平时很安静的英语老师则被要求用印度式的英语介绍十一学校。数学老师是游泳健将，他假装和语文老师喝得大醉，还要去游泳，但被语文老师想尽办法轰出了泳池。

学生的这些创意看起来是对师道尊严的“冒犯”，实际上却折射出了师生感情的融洽。《北京市十一学校行动纲要》强调，良好的师生关系是确保师生幸福生活的重要条件和基础。“应该亲情如父母子女，友情如同伴朋友，严而有格，爱而不纵。”

李希贵为这种师生关系的孕育提供了某种条件。他甚至很少出现在高三年级，不想让老师感到很有压力。他说，如果学校总是强调升学率，哪怕只提高一个百分点，老师都会感到压力很大，“势必伤害学生，伤害老师，丢掉许多东西”。

只有当老师不是紧盯升学率去做教育的时候，他们才有可能去关注其他。蒋欣则同情他过去的一位同学，他同学所在的学校把尖子生都集中在一个班，每次大考后，淘汰一批，吸纳一批。

樊世奇和另一所高中毕业的老同学一起玩，正好遇见老同学的老师。“她拉着我就跑，我觉得不可思议。”樊世奇说，“如果我碰到老师，会拉着老师的手一起玩。”

“我们的老师不是用高压来赢得尊重的，而是用尊重赢得学生尊重的。”蒋欣则总结道。

他们喜欢私下里找老师聊天、撒娇，或者哭诉自己的成绩下降。老师们提供的大多是鼓励而不是压力。有学生说，在老师身边待一待，随便聊几句，心情就会放松。

过去一年，王春易没再像以前那样抓学生补课，但主动找她的学生却不少。她和同事们度过了“一对一交流次数最多的一年”。他们每天晚上待在办公区，恭候学生上门提问。

学校对毕业生做问卷调查，想了解他们以后会“最怀念什么”。王玉勍同学的答案是：“老师、同学和高三快乐的日子。”

6 月 7 日，高三年级的老师穿上红色衣服，与学生击掌、拥抱，把他们送进考场。高考后，一些学生还惦记教室里的动植物，此时，薄荷、青蛙和小金鱼们已经有了新的主人：即将升入高三的学生。

（原载 2012 年 7 月 26 日《中国青年报》，收入本书时略有改动）

课堂里走出教育家

2012 年 9 月 13 日晚，在北京市玉泉路 66 号一栋临街的大楼里，发生了一件不为外人所知的事情。至于它的意义，有人是这样说的："全世界有这样一件事发生了，这一天就会无限美好。"实际上，它只是一所中学的教师迎新酒会，校长说："我们把它看得如此重要，确实是发自内心。"

校长端着香槟酒，在被美食包围的场地里走动、站立了一个多小时后，轮到他发言了。他的新同事里，有来自耶鲁大学、伦敦政治经济学院的毕业生，以及北京大学和中国科学院毕业的博士。"十一学校为何能吸引这么多杰出的人才？有这个必要吗？"校长问。

他接着回答："我们不仅在办一所学校，也不只是办好一所学校，我们需要杰出人物凝聚在一起，去完成一项使命：培养更多的能改变这个世界的公民，以及把人类领向美好明天的众多领军人物。"

校长安排给自己的任务，似乎简单多了："在你们冲锋陷阵时，肯定需要一位首席服务官，为你们擦汗、呐喊，这个人就是李希贵。"

初来乍到的老师们，或许只把校长此番话视为一种激励，他们还难以想象：从一间小小的教室出发，自己能走多远？

做让学生爱戴的好老师

北京十一学校聚集了来自全国二十多个省市的老师，他们曾是应试教育的高手，熟知"一切为了学生，为了学生一切，为了一切学生"。

但在较长的时间里，这个口号很难从学校的墙上走进他们的内心，主导其教学行为。

2007 年 10 月，李希贵任校长大约一个月后，学校要承办一项大型活动，由刘艳萍老师负责。她交给校长一份方案：八个环节，都是领导在忙，与学生无关。校长送她四个字：“俗不可耐。”她又气又恼。

五年后，刘艳萍已脱胎换骨，面对几十名校长，从容地讲述那次难堪的经历。她说校长当时提了三个问题：“教育到底是面向谁？教育到底要留给学生什么？什么样的教育学生会喜欢？”但她不知如何回答。她一夜未眠，把领导从方案中赶了出去，让学生们走了进来。方案因此得到了校长的肯定。“教育永远要面向学生，他们不是观众，而是参与的主体。”刘艳萍说。

很多校长宣称“以学生为中心”，但不知有多少校长能真正将之作为教育的出发点和落脚点。十一学校是这样做的：梳理了学校成功的文化与基因，同时寻找老师的定位。老师们爆发了激烈的争论，有时像要打起来似的。但他们达成了共识：老师的职业定位是，“在学生今日之爱戴与未来的回忆中寻找富有乐趣的教育人生”，并把它写进了《北京市十一学校行动纲要》。

有一个问题，是在升官发财的同学、朋友们面前，老师拥有哪些值得骄傲的资本？几番争论之后，答案有了：从学生对社会的贡献中寻求自己的价值。一个老师若没有这种心态、境界，永远成不了教育家。

学校主干道边的宣传栏里，展出了优秀校友的照片，其中必有校友与他当年的班主任、任课教师的合影。工会在教师节展示学生们送的贺卡，或把那些令人心潮澎湃的贺词印在笔筒上，送给老师们。学校希望他们从中看到自己的价值。

富有乐趣的教育人生，不能被无休止的会议、表格和检查破坏。学校 2011 年只召开了一次全体教职员工大会，因为上级来考察某位要外出担任其他学校校领导的同事。老师们要填的表格也越来越少，管理者们身体力行：最成功的管理就是不给人找麻烦，甚至也不检查老师们的考勤、备课、课堂教学及批改作业的情况。

一位老师感叹说，学校真是要让老师自由成长。连分数这样的评价指标也退居幕后，不出来兴风作浪。十一学校认为，老师肩负着塑造学生精神生命的神圣职责，从事着世间最复杂的高级劳动。这样的职业怎能靠几张试卷、几个数字去判断优劣呢？

它把评价的权力交给了学生，引导他们从正面诊断老师的教育教学情况，判断依据是概括教师职业特点的十大要素，如“我觉得老师能够公平对待每一个学生，做到一视同仁”，“我从老师那里学到了很多分析问题的方法”，“老师注重对我在品德和良好习惯上的培养，让我学会如何做人、做事”等。

学校汇总诊断结果后，做的只是为每一个指标确定等级。老师接过表格，一目了然：在哪些方面得到了学生的认可，还有哪些需要改进。学校认为，不同的指标就像苹果和墨水一样，独立去看，清楚明白，如果把它们混在一起，就会成为怪物。

中科院计算机软件与理论专业毕业的屈楠博士说，学校以各种方式让所有老师把注意力集中在学生身上，不陷于斤斤计较之中。这个年轻人说：“我们考虑的，是怎么样对学生更有帮助。”这所学校规定，只有学生的成长才是教师的业绩。

“今天我们提教育家办学，与过去提的校长办学有本质区别。”李希贵说，“我们希望办学的价值，体现在学生身上，影响不同学生个性的成长，使每一位学生都受益。”

“重新造车，让车飞了起来”

2010 年，有人鼓动王鲁豫来十一学校任教，“会有你想象不到的变化”。王鲁豫不以为然。她时任山东省泰山外国语学校副校长，几乎拿遍了山东英语教育界的各种荣誉，是学校绝对的权威，一些老师甚至不敢走进她的办公室。

到十一学校后，她才明白，之前虽是特级教师，只能算是教书匠，所做的不过是将教材这辆车修修补补，再加点儿自己的内容罢了。现在，“是重新造车，让车飞了起来”。

他们打造的是一辆辆名叫“××课程”的车，要带学生们驶向美好的明天。2012年的新生人手一份近四万字的课程手册，学生有九个领域的二百多门课程可以选择，包括商学与经济学。学校从2011年9月起在高一年级推行选课走班制，2012年惠及初一年级。

校长在课程手册的前言中告诉学生，生物界的最大魅力就在于多样性，每个生命都是独一无二的。学校的课程改革会帮助他逐步明白，他喜欢干什么，他能干什么，他将来要干什么。学生们自选课程，形成了与众不同的课程表。

副校长秦建云认为，十一学校变革的核心之一就是“转变”：从关注学科、学校，转化为关注一个又一个学生。秦建云在学校的变革中发挥了重要作用。他说：“我们把目光往学生身上聚焦，就能看到存在的问题，那就是给学生提供的课程不恰当，因此有必要改变课程。怎么改变？唯一的办法是让学生选择。”

让不同的学生变得更加不一样，是这所中学的使命。但它也注重培养学生具备相似的品质，即成为志存高远、诚信笃志、思想活跃、言行规范的杰出人才。

“任何育人目标都必须通过对应的课程来实现，否则，只能成为口号。”秦建云说。学校在努力“创造适合学生个性化发展的课程体系”，比如，开设了五个层次的数学课程，高中语文被细分成九门课，科技英语、原版书阅读、翻译等也成了独立的课程。技术课程方面多达19个模块，包括汽车造型设计、机械技术、服装设计制作，等等。

程加宁同学进入十一学校后，惊喜不断。“在这里学习，可以有多种方式，可以有多种选择，可以不在教室里，可以没有老师。”她说。

课程开发也解放了老师们的生产力，他们可以专注于自己感兴趣和擅长的领域。有人不适合照顾后进生，可以专门负责尖子生的教学；有人不会教英语听力，没关系，可以教他擅长的阅读和写作。

长期以来，课程的单一与统一，导致“因材施教”无法落实。十一学校认为，教育应向超市学习，提供丰富的产品，让学生有选择权。“当学生有权为自己的未来选择感兴趣的课程时，他们才有可能在自己身上装一台发动机。”李希贵说。如果学校不把每一个学生的个性成长放在心上，不把每一个学生的发展作为它的办学追求，就不可能实现教育家办学。

全新的激情取代职业倦怠感

2011 年暑假，十一学校全面开启课程改革之旅，把上百名老师拉到郊区“闭关”。老师们最初“一头雾水，不知道该如何下手”。

校长早已蓝图在胸，却不对老师们指手画脚。他只是轻描淡写地提了几条原则，譬如学科是为学生服务的，不同的学生不一样，应该让不同的学生变得更加不一样。如何落实，自己去想办法。

负责课程改革的秦建云，在半个月里，一个一个地找老师聊，瘦了八斤。

这项庞大的工程是在争论、争吵中拉开序幕的，四十多岁的英语老师侯敏华曾目睹两名同事吵得脸色煞白。他们的职业倦怠感，现在被全新的激情取代了。

侯敏华老师加大了阅读量，一年要看四十来本英文杂志，读三四本原版图书，最近她看的是《杀死一只知更鸟》。

身材瘦小的潘国双老师释放了身上的巨大能量。他今年 33 岁，曾在北京服装学院任教六年，三年前从北京师范大学数学系博士毕业后，成为这里的一员。

他负责数学Ⅴ的教材研发，针对学校里最具数学天赋和兴趣的一群学生。这本教材仅目录就有 49 页，融合了初中、高中和大学的部分内容。

潘国双老师曾经渴望拥有这样的教材。他在初一学勾股定理时，就推导出了三年后才能见到的余弦定理。初三暑假，他学完了整个高中的数学。他后来几乎不听数学课，推广、演绎、改造题目，把大学数学的一些内容也推导了出来。

潘老师从不按部就班地讲解教材。初一年级只有两本数学书，他讲了五本。这些学生到高一的时候，就有几人被保送国内顶尖的大学，还有 14 人进入由 36 名同学组成的科学试验班。

他几乎不给学生们留课后作业，但从来没有忽视对学生的观察，悄悄地为他们分层：有 6 人能在一年内学完高中三年的内容；有几个很用功，基本上不用管；有几个实力很强，但经常偷懒，属于潜力股，得不时刺激他们；有不到 10 人处于末端，满足高考的要求就行了。

这个年轻人基本不备课，只在脑子里大致勾勒下要讲的内容。他笑着说："好在学校从不检查教案。"

十一学校梳理了多名优秀教师的成长路径，发现在他们的成长之路上，都会出现典型事件、典型人物和关键书籍。参与开发课程，将成为这样的典型事件。在这里，编写教材不是少数人的权力，所有老师都要参与。有人免不了抱怨："让他写还不如我来写。"这话可能没错，但他还是得写。在学校看来，这是老师体验教育、加速成长的良机。

十一学校还出现了一个中学里罕见的机构：教育家书院，院长是政治老师赵继红。这是定位于培养教育家的机构，即便是新进教师，也要按照教育家的标准、理想和追求去培养。和课程研究院一样，书院不是行政机构。如何发挥学术的力量，吸引老师们参与书院的课程，是赵院长面临的挑战。好在校长说了，活动场面不一定要大，只要有品位，有三五个人，大家都觉得有收获，就是有效的。

2011 年 12 月 2 日，教育家书院催生了一个优秀教师提升的平台：卓越教师研究室，由三位入选教师教育家工程的老师领衔，吸纳不同年级、不同学科的同事组建团队，分别致力于"课堂教学变革""数学自主探究""教学与评价"的探索。2011 年校庆期间，又有三位老师成立了各自的"高端研究室"。

教育家书院忙个不停，每月为老师们购买图书，每周举办"名师大讲堂"，吸引众多有独到见解的老师登台，所讲内容涉及诗歌、历史、相对论、鲁迅研究、电池、生物遗传，等等。

“我的学科教室与你的不一样”

身为特级教师，每年教四到六个班，连续多年获得学生百分之百的满意度，这样的教师，还能怎么进步？王春易自己都觉得，教学能力似乎登峰造极了。

但学校的“课堂成长年”，提倡老师把课堂这个舞台让给学生。王老师想，它是自己生活的全部，怎么可能拱手让人？她拒绝接受学校的理念，除了一条：良好的师生关系是有效课堂的基础。王老师说：“谁改变都轮不到我改变！”

但是，那些标语在办公区里贴得到处都是，“刺激着你，动摇着你的意志”。一年后，她开始反思自己的课堂：学生喜欢的课一定是好课吗？直接让他们获取不需要消化的知识，有利于学生的成长吗？自己的课真的符合教育规律吗？

她意识到，自己面面俱到的讲授，阻碍了学生创造力和思考能力的发展，“我没有尽到老师的责任”。

一个新鲜事物适时出现，如同催化剂。王春易说：“没有它，我不会变得这么快、这么彻底。”它叫“学科教室”。

王春易的同事闫存林利用幻灯片展示了一些教室的图片，以此说明，不管是现在还是100年前，不管是在乡村还是在城市，教室之间没有本质的区别，都是一排一排的座位，面对讲台。

他的疑问是：在这样的教室里，能否进行某个学科的阅读？能否就某一问题查阅相关的参考书？能否随时做实验？能否迅速进入真正的学科环境？能否集中看到学生们的学科作品？答案基本是否定的。

学科教室将试图回答这些疑问。在十一学校，讲台被请出了教室，它的消失促使教师站在学生中间，使师生平等的对话交流成为常态。另一个变化，是教室逐渐功能化。老师们第一次有了布置属于自己教室的冲动。当教室不再“千室一面”，个性就显露出来。

走进王春易的生物教室，学科特有的味道扑面而来。她在教室的楼道里张贴了关于生物界的23个重大发现，和近10年来诺贝尔生理学或医学奖的获得者及其研究成果的海报。教室里是丰富的生物学世界：有薄荷、虎刺、巴西龟、青蛙等动植物，有各种实验仪器、上百本图书。

“生物学科教室是用来上生物课的，是不是应该在此回归这门学科的本质？”王春易说。她引进了大量的实验。过去一年，学生们完成了约 30 个分组实验，求知欲望高涨。

这个特级教师曾经认为，教育就是一堂堂的课。现在，她考虑的是如何育人，如何在课程中体现生物学科素养——在帮助学生获取知识与能力的同时，培养他们对生命的热爱与敬重。

优秀学校的标志：对老师有点儿宠爱

很多老师听秦建云说过这句话：“你要是相信了领导，实际上就背叛了自己。”秦建云的从教经历曲折，先在河北省张家口市的一所大学教了六年普通物理学和量子力学，觉得没什么意思就去北京闯荡，在一家公司做了八个月电工后，又辗转几所中学。2002 年，他进入十一学校。

“我以前和绝大多数老师不说话，觉得没这个必要。”他说，“我是一个享受孤独的人。”这两年，他和老师们说过的话估计超过了他过去十年的总和。

这位物理老师喜欢读哲学、经济学和人口学方面的书，总是表情严肃，好像一直在思考人类社会的命运及走向，在课堂上却很放松，和学生沟通起来毫无障碍，赢得了“魅力秦爷”的雅号。

李希贵不在乎秦建云不愿意与领导合作，决定请此人出任他构思中的课程研究院院长。现在，轮到秦院长去发现人才和“推销”课改理念了。

潘国双的出现让秦院长很惊喜，“他可以随心所欲地重构数学”。秦建云聘他为课程研究院的研究员，每月提供津贴 3000 元。小潘不走寻常路，不按年级的进度备课、上课。有个别老师批评他“不是育人是毁人”。但年级组长却鼓励他：“只要你觉得可以，就行。”

“老师们的成长需要宽松的环境。”秦建云说，“我们不求全责备。”十一学校因此吸引了一批个性十足的教师。

高大俊朗的魏老师，大学读的是政治专业，曾在乡村小学教书三年，现在是业界有名的历史教师，很受学生欢迎。此人讨厌开会，竟得到了“特殊照顾”，可以不参加会议。

他还私下表示不想教高三，也如愿以偿。在魏老师结束高二学年的教学后，校长主动告诉他：“你不想上高三可以不上。”“中学的特级教师几乎都是应试高手，魏老师当年玩高考也玩得很转，只是玩伤心了。”秦建云说。魏老师意识到高三的有些教育方式违反教育规律，很难受。他追求心灵的开放和自由，反对管束学生，其历史课的特点可以用一句话概括：“用思想点燃课堂。”

“优秀的学校有明显的标志。”秦建云说，“它有一批很好的教师，学校对他们有一点儿宠爱。”

十一学校希望百花齐放，鼓励先进，也允许落后。这种心态被视为教育家办学的前提，因为教育是慢的艺术。王春易在抵制课堂变革的一年中，校长从来没有向她提过要求。

王春易把课堂让给学生后，曾遭到他们的强烈抵制。学生不习惯自主学习的方式，一些学生的成绩出现下滑。校长却鼓励她：“成绩有点儿下降很正常，没有关系，办法总比困难多。”

“允许落后，我们就有一种被理解的心情，研究能力和上进心就会被激发。”闫存林老师深有体会，“越被压制，反而越不愿改变。”闫存林是一位很优秀的语文教师。其他班的一些学生因无法到场聆听他的课，常托人把闫老师的课录下来。这位小个子老师希望在语文课上传递正能量，影响学生的人生道路，让他们在多年后回忆时，仍有温暖的感觉涌上心头。

“和而不同，鼓励差异化发展。”闫存林说。现在每个老师的成长压力都很大，但面对压力的态度已由过去的担心、恐惧转变为积极寻求解决之道。

让学生为自己的成长负责

2011 年 9 月，高一年级实施选课走班，学生散落在不同的教室里上课。班主任找不到自己的学生，却看到了他们在学科教室里扔下的许多垃圾，频繁听到他们口出污言。

“把小老虎们从笼子里放出来后，他们还不知道怎么规范自己的言行。”侯敏华老师说。一年过后，这些现象大大减少。“还是把他们放出来更好，有利于充分暴露问题。”她说。十一学校反对用退回去的方式，解决改革中出现的新问题。

经验丰富的班主任面临的挑战是，学生变得和以前不一样了，其问题与困惑都更加个性化。侯敏华说：“如果我们不能在学生的个性发展和定位上有所作为，就不会对学生有真正的帮助。”

尽管他们坚信前途是光明的，但侯老师还是忍不住在一次会上半开玩笑地说：“拜校长所赐，我正在经历二十多年教育生涯中最艰苦的一段时间。”

最初，侯敏华仍以老眼光看待接手的新学生。入学快两个月了，他们怎么看起来还满腹心事，很不开心？这 36 名学生，来自北京的 20 多所初中，侯老师意识到问题可能源于多元文化的冲突。自己被以前的成功经验蒙蔽了双眼，于是她诚恳地向一群十几岁的学生做了检讨。

过去，班主任可以先见森林，后见树木，只要制定合理的规章制度，表现出和学生坦诚相见的姿态，就成功地迈出了第一步。和学生一对一的交流，不需要。

现在，情况不一样了。学生突然失去了集体归属感，和自己相似的人（看起来如此）也少了，每个人面临的问题都不一样，连班主任也靠不住了。他们慌了。

侯敏华逐个找学生聊天，并鼓励学生尊重自己，保持个性。这位快言快语的老师，抑制了好为人师的冲动，成了很好的倾听者和引导者。

学校也在探索如何应对新变化：先是任由班主任单兵作战，两个月后给他们安排了导师（由部分任课老师兼任），最后干脆把班主任取消了。

实行导师制的思路是一位班主任最先提出来的。年级主任于振丽说，导师的定位是高位引领，不管琐事，负责对学生进行人生引导、心理疏导和学业指导，但不是小班主任。通常，一位导师负责几名或十几名学生。有老师说，有了导师制，取消行政班级之后，师生间有点儿像“自由恋爱”了，“学生觉得哪位老师与他的气质、兴趣相投，他就会选哪位老师做导师”。

本学期伊始，校长问于振丽：“你能不能胆子更大一点儿，连导师也不要了，让学生们完全凭个人的规划学习、做事？”于振丽找老师们谈，一半赞成一半担心。她约八名学生吃饭，听取他们的意见，只有一人反对。

于是，高二年级的七名咨询师（由一些做过班主任、带过高三班级的老师兼任）便取代了四十多名导师，他们依然为学生提供学业及职业规划指导，只是等着学生主动找上门来。

侯敏华担心咨询师难以呵护学生的心灵成长。但是，从班主任到咨询师的变化过程，符合十一学校的努力方向：构建让每位学生为自己成长负责任的教育机制。

学校认为，与其让老师去彻底认识自己的每一位学生，倒不如让学生自己认识自己。学校开发课程因材施教，使学生的自我发现成为可能。这种变化体现在了高考志愿的填报上，家长施加给孩子的影响力被削弱，越来越多的学生有了自己的想法。2012 届毕业生蒋欣则，拒绝按照父母的意思报考金融专业。他认为，那些玩弄财富的人，对社会没有多大推动作用，还剥夺了穷人的生存权利。他要去中国科学技术大学读物理，然后学建筑。

学生能走多远，他的老师就能走多远

距离 2010 年 1 月 10 日越久远，这个日子的意义可能会越清晰。这一天，十一学校的 14 位老师怀着激动而忐忑不安的心情，走上了钓鱼台国宾馆的红地毯。

学校启动了“教师教育家成长工程”，他们是首批入选者。一群普通教师与教育家称号联系在了一起。

只有当教育家是从课堂里面走出来的时候，这个时代的教育才是成熟的教育，这个国家的教育才可能充满智慧。李希贵在启动仪式上表示：“今天，我们即将迎接这样一个时代。”

他认为，只有当一所学校的大批优秀教师，以教育家的情怀、教育家的境界、教育家的心态和教育家的教育艺术，来推动学校发展，影响学生成长的时候，这所学校才实现了“教育家办学”。

五年多来，面对千差万别的师生，面对具有特有的认知规律与教学规律的各个学科，面对独特的教育教学活动，十一学校没有实施统一的教育行为。副校长吴凤琴说，刚性的行政命令在这里被降到了最低限度。在推进学科和学术领域的改革过程中，校长躲在后台，尽量避免以行政的力量和校长的身份与老师们对话。

在 2011 年 9 月 13 日的迎新酒会上，到场的每个人都拿到了一份倡议书，上面写着：“在学校，什么称谓最崇高、最应受人尊敬？——是老师，不是校长，也不是主任。”学校倡议：“让我们从现在开始，习惯亲切地称呼彼此的姓名，习惯互称老师吧。”对称呼职务者，罚做俯卧撑。

这些老师的业绩都通过学生们的成长来体现。十一学校认为，从学生的表现判断学校的生态，是教育家应有的眼光和情怀。从一个全新的课堂出发，学生能走多远，他的老师就能走多远。

程加宁同学已经读懂了她将要在几个月后离开的母校。她在一篇文章中写道：“‘十一’真正的标志，并不是校门口体现‘思方行圆’的雕塑，而是‘十一’学子脸上洋溢的自豪而幸福的笑容；‘十一’真正的历史，并不是校史馆内 60 年来的记录，而是每个学子心中难忘的故事；‘十一’真正的成就，并不是每年获得的各类奖项、荣誉，而是每个学子个人的最大成功。”

（原载 2012 年第 10 期《未来教育家》，收入本书时略有改动）

让学生找到“成长合伙人”

2011 年北京十一学校取消固定班级，推行选课走班后，有一些老师和家长担心：如果每天朝夕相处的同学没了，让孩子们共同拼搏的班级没了，他们将在哪里寻找集体归属感？在中国教育学会组织的“走进十一学校”的活动中，高一年级的柏艾辰同学在交流中对来自各地的教师说：“在同学们看来，这些担心都不是问题。”

不能只想着自己，要多承担责任

尽管一些学生是在不安与不情愿中告别他们熟悉的班级的，但并没有学生和家长公开表示反对，更多人则是“张开双臂拥抱一个新时代的到来”。比如叶枫，她 2015 年高中毕业，对过去的行政班级，她觉得“我们没有任何选择，只是每天在一起而已，并不是因为共同的想法和爱好走到一起”。

十一学校为志同道合者走到一起创造了许多机会，学校有 300 多门课程和 200 多个社团供学生自主选择，并且鼓励学生随时组建团队去实现自己的想法，因此形成了大大小小的新集体，少则两三人，多则上百人。选课走班大大扩展了学生的交往面。

这种自由度的增加，并不是对学生的放任。十一学校取消班主任，倡导每个老师走出学科局限，承担起立德树人的教育职责，并实施导师、咨询师和教育顾问制。要求学生，就像校训提倡的那样，要“思方行圆”，懂得尊重规则，遵从必要的规范。从学生成长角度而非管理者角度制定的《北京十一学校学生在校基本行为规范》，会告诉学生“应该怎么做”，而非“不许怎么做”。

十一学校的学生每天要在多个不同的集体中生活，因而必须在不同的团队中寻找自己的定位，并体验不同角色带来的挑战和成就感。一名在数学Ⅲ教学班中成绩垫底的学生可能是语文学科的“学霸”，一个在戏剧《嘎达梅林》中跑龙套的男生则是某个社团的负责人。以叶枫为例，在模拟校务委员会主席团中，这名高三年级学生是高一年级学生李元杉的助手，而在有关学校故事一书的组稿、编辑过程中，李元杉又成了叶枫的助手。“今后不管是在大学还是工作中，都会有不同的角色转换，在学校获得的这种体验和能力，会让我学会如何在扮演不同角色时，采取不一样的立场和方式。”她说。

十一学校认为，教育的价值追求是让每个学生成为他自己，但学生不能只对自己负责，还要对他人负责。从一些举措中可以看出学校的良苦用心：实施多元化的过程性评价，让每个学生每天都能看到自己的成长痕迹；规定每个学生在所选戏剧课中除了扮演角色，还必须承担一项剧务；设置了 60 个学生管理岗位，以解决学科教室的日常管理和维护问题，其中，“卫生天使”是每个学生的必修课。

高二的姜嘉南创办过“电影学院”，在模拟联合国（以下简称“模联”）中担任过“美联社社长”，有几乎每天处于精神崩溃的状态但最终赢得同伴认可的经历；也有过因为私事拖了团队后腿，让同伴不理她的教训。她的总结是，身处一个团队中，“个人利益往后退，团队利益优先”。

“在这些看似松散的组织中，有一种无形的力量让我们更加团结。”姜嘉南说。这是一种互相帮助与分享的力量。

2014 年 12 月，初二年级出现了新事物：成长合伙人。这个名词恰到好处地概括了十一学校学子的成长方式。率先这样做的是顾靖坤等 6 名同学，他们的爱好、能力水平都不一样，但互相能够取长补短。顾靖坤因为“各个学科成绩均衡，管理能力和组织能力强”任“大总管”，其他同学则分别担任英语、数学等“学科大总管”。他们都是家里的独生子女，“说话做事都以自我为中心”，难免会发生矛盾，但他们慢慢地发现，“只有通过积极沟通，适当妥协，才能解决问题”。在此过程中，他们还感受到了独乐乐不如众乐乐，“独学不如众学”，“学会了为伙伴的成绩点赞，发自内心地欣赏他人的优点”。

不只为提高个人素质，还要改变社会

叶枫自称在一个不关心国家大事的家庭中长大，是十一学校让她对学习做了重新定位——不只为提高个人素质，还要改变社会。她值得一提的尝试，包括组建模拟校务委员会、发起成立关爱自闭症儿童的“海洋之星公益社团”等。在 3 月 22 日模联的招聘会上，叶枫对师弟、师妹说：“你所在的这个地方，你生活的每个地方，都是可以改变的。”

《北京市十一学校行动纲要》是指导学校办学的纲领性文件，它认为十一学校学生首要的品质是“勇于担当”，应该胸怀天下，具有民族责任感和历史使命感；应该勇于承担责任，自觉为国家、团队、家庭、朋友排忧解难；自觉奉献社会，主动服务他人。在 2013 年北京师范大学脑与认知科学研究院专业人员做的一项调查中，该校 97.8% 的学生“很赞同学校认为学生应具备的几个重要的素养、品质”。

他们每个学期进行的研究性学习，关注的视野已从课本延伸到城市、社会和世界，开始操心环境污染、中国如何避免中等收入陷阱等问题。一名初二年级的男生志在“彻底解决春运问题，票价降低三分之一，速度提升 50%”，利用寒假在北京化工大学与大学生一起学习德语，还跑去德国研究高铁。

做公益也是十一学子体现责任与担当意识的一种方式，全校社团约十分之一与公益有关。“当我们通过实干学会承担更多的责任时，它带来的是作为一名公民的归属感与幸福感。”高一年级的柏艾辰说。她是慈善基金会的负责人。针对中学生公益组织该如何定位，她有自己的思考：重点应该在于传播公益思想，而非注重物质上的募集；不求改变多少人，而是努力让大家在潜移默化中参与到公益中来，与兴趣相结合；

公益不仅仅是“舍己为人”，中学生更应该在帮助别人的同时提升自己。

不是抱怨，而是去做力所能及的改变

这里的学生拥有外界难以想象的自由，包括对学校直言不讳地批评。在叶枫看来，“对学校真正的爱，不是抱怨，而是看到不足的地方后，去做力所能及的改变”。

李元杉认为，“学校现有的一些规章制度和学校事务决策，处于对学生闭门的状态”，而“校长有约”“学生内阁”等渠道不能满足学生参与管理学校事务的愿望，因此，他提出在学校模联中增设模拟校务委员会，“通过讨论和协作解决自己身边的问题”，“从而让十一学校有更好的发展”。他甚至要求参会代表“要爱十一学校”。为推动模拟校务委员会的成果（如建立学生意见反馈平台、为校领导招募学生助理等）落地，李元杉又促成了“学生联席会议”的成立。

师生们的共识，是没有了行政班级后，学生对更大的集体——年级和学校——的认同感和归属感，反而提高了。

主持人崔永元在多个场合讲过一个小故事：他在十一学校抽烟，一名男生要求他“把烟掐了”。“我想，这个孩子是在用自己的行动告诉我们：这个学校是他们的，他们说了算！”

“学校里的各个小集体，不是因为竞争，而是为了合作走到一起。”高一学部教育顾问曹书德说。他曾经是一名以严格著称的班主任，“是给学生分配一个集体，还是让他们自由选择一个集体更有归属感？是在集体中在统一的时间、地点做统一的事情，还是各有分工与自由，更能激发责任感？是一起为集体争得荣誉，还是找到了共同志趣的人一起努力过，更值得回味和铭记？”他认为答案显然都是后者。

因此，北京十一学校2014年9月荣获首届基础教育国家级教学成果奖特等奖，成为获特等奖的唯一一所学校。

（原载2015年6月17日《中国青年报》，收入本书时略有改动）

十一学校的经验孕育“沙漠之花”

2012 年，新疆维吾尔自治区克拉玛依市教育局在全市选拔了 40 多名中学教师，到北京十一学校学习一年，这些人要率先承担推动一场教育改革的重任。但 40 岁的李国莲接到通知后，却坐在办公室里抹起了眼泪，不是因为激动，而是她根本就不想去。

她当时是克拉玛依市第十三中学的副校长，对所处环境十分满意。后来，她成了市第一中学（以下简称“一中”）的执行校长，打开以前的资料包，发现过去的经验不但用不上，还会成为障碍。

北京十一学校的育人模式被李国莲她们带到了克拉玛依这块戈壁滩上，没有遭遇水土不服，确实出乎很多人的意料。仅用了两年时间，一中就脱胎换骨。2014 年 4 月 26 日，新疆维吾尔自治区副主席在调研时说：“在一中看不到标语、口号及生硬的管理规定，但似乎每个角落都弥漫着浓厚的教育氛围。”

作为这场改革的主要推动者，市教育局局长彭建伟喜形于色。“十一学校正在改变克拉玛依的教育生态。”这位曾饱受优秀生源流失之苦的教育局局长说。2014 年，一中被确定为“克拉玛依市教育系统人才培养培训基地”，开始对新疆教育产生积极影响，包括新疆师范大学附属中学在内的很多兄弟学校，不断把老师们派到一中蹲点学习。这增加了他酝酿一个新举措的信心：成立北疆西部区域教育发展联盟。

不可能和十一学校一模一样

2013 年，克拉玛依一中和中国大多数普通高中一样，学生在应试的泥潭中挣扎，越用力陷得越深。如今，它为一名挂职的外校教师所羡慕，此人认为，一中与别的学校最大的区别在于，老师们能静下心来做自己感兴趣的事，“他们想的就是学生和专业”。

一中变身的过程很不容易。工作才两年的陈冰云老师“累到好多次想要辞职，有时情绪低落到觉得会累死”，但又觉得“这里很温暖，自己被学校信任，做的事情也特别有意义”。她是校团委的负责人，每天抱一堆资料——有团委工作手册、狂欢节策划书、业余党校课程安排等——在各个教室“流窜办公”。

走在一中的教学楼里，你会发现这所学校已经变得和十一学校很相似了，连要培养什么样的学生，以及那些张贴在走廊里、电梯口的海报，也与十一学校如出一辙。但最重要的变化，绝不仅仅是这些可以目睹的，用李国莲的话说，“以学生为中心”，这一次是真的从墙上走了下来。

这所戈壁滩上的学校，正在为学生创造越来越多的机会，包括为他们提供的 113 门课程，以及与教师同乘一部电梯的权利。

一中先后有 138 名老师在十一学校学习，他们在那里看到了理想中的教育，但那种努力适合每一个学生的教育体系，能否在自己的学校实现，大多数人是表示怀疑的。

打消疑虑的最好办法，就是把它变成现实。

这是一场由市教育局用行政力量开启的改革，也得到了市领导的大力支持。但具体到学校转型的层面，他们明智地放弃了依靠统一行政命令的做法，并且用事实安抚人心：这场改革不是为了淘汰谁，核心是帮助每一个人取得成功。它设置的岗位数量多于实际的教职员工人数；大幅度减少管理干部的数量，70% 的管理岗位由普通老师担任。

一中整体移植了十一学校的管理体系和课程体系，采取分层分类、选课走班、小班化教学（不超过 24 人）等做法，制定了一整套的改革方案，涉及人事聘任、薪酬分配、职称评定、绩效考核和学术积分等方面。他们没有照搬，而是结合自己的实际情况做了不少修改，正如十一学校校长李希贵在回答一中一位老师提问时所说："十一学校的育人模式，搬到任何地方都要有变化。"

教师之间的工资级差不能像十一学校那样大，那就缩小一点儿；十一学校有的课程是一中老师驾驭不了的，那就不开设；数理化课程不能像十一学校那样各设计五层，能分三层也不错；要利用当地的资源优势，比如开设玉石鉴赏课程，把冬不拉、都塔尔等民族乐器加入音乐课程。

李国莲说，十一学校让她明白了，课程是为学生服务的，要立足于他们的差异，做力所能及的工作，没有必要也不可能变得和十一学校的课程一模一样。

整齐划一的课程，已经不适合学生

但新事物的出现，不可避免地引起了人们的恐慌和焦虑。老师们担心自己的待遇受影响，担心新的课程体系无法落地，担心自己和学生难以适应，担心这场改革折腾一阵后又偃旗息鼓。由老师们投票选出的 76 名教职工代表将决定改革方案能否通过。在 2013 年暑假召开的教职工代表大会上，学校核心层做好了方案若通不过就推迟一年再试的心理准备，好在大多数人投了支持票。不过，核心的薪酬分配方案，通过率不算高，只有 70% 左右。

在一些同事眼里，魏淑珍成了改革的牺牲者。这位毕业于北京师范大学英语专业的 44 岁女教师，在 2014 年 6 月首次举行的学部主任和教师的双向聘任中落聘，告别了坚守 21 年的讲台，成为高二学部的教务员。

她用尽职尽责的行动改变了别人看她的眼光。作为学部管家和联络员，她每天早上 9 点把请假学生的名单上传到公共群里，想方设法提升教师交流室的吸引力，督促从外地学习归来的老师写点儿文字与大家交流——“我可能不是一个好老师，但我可以做最好的教务员。”魏淑珍说，“这个工作虽然累，但下班后我心情愉快，很少焦虑，它挺适合我。”她从未像今天这样有成就感。过去，她也很负责任，但一片好心不被学生接受，常在他们的哄堂大笑中手足无措，难过和沮丧的情绪总在折磨她。

这种人事调整并未像过去那样引发突出的矛盾，原因之一在于，它不是由行政权力主导的，能让老师们通过双向选择更清楚地认识自己。

留在教学岗位上的人，聚在一起干了一件从未做过的事情：将国家、地方和校本课程整合成他们自己的课程。他们开发课程的能力明显逊于十一学校的同行，但集体研讨、资源共享的方式可以弥补个人的力不从心，“至少能托住底”。但他们很容易犯的毛病，是习惯于从学科角度而非从学生角度出发。这种惯性在改革后较长的一段时间内，还会出来捣乱。

钱琼华老师是学校的技术组成员，这个 9 人团队合作开发了机器人、网络、影视技术、园艺、服装设计和电子技术等课程，钱老师主导的是平面设计课程。此前，她教计算机，用国家统一的课程按部就班地讲，“学生不想学也得学”，而平面设计课只是技术课中可供选择的一门。此时的教室成了“梦工厂”，四周摆设、张贴的都是学生自己设计的作品；课程目标不再是考试得高分，而是“培养学生的审美以及把想象的东西变成现实的能力”。在由具体的设计任务驱动的课堂里，一名学生把自己设计的艺人名片上传到网络，几天后，竟有公司向他约稿。一位曾在计算机课上坐不住的学生，现在觉得 90 分钟的时间不够用。

钱琼华感叹：“整齐划一的课程，已经不适合学生了。”

要真正明白这一点并不容易。克拉玛依市南湖中学一位老师如果不是因为目睹女儿在一中的经历和变化，也不会认识到此前对女儿的了解，很多是想当然的。

在实行选课走班的最初半年里，女儿痛苦到几乎要放弃，选择了物理和化学的最高层课程，“分数糟糕到不能看”，没想到女儿竟然挺了过来，而且表现越来越棒。高二时选技术课，她以为女儿会选择动漫，因为那看起来更潮，没想到竟是园艺课，女儿认为这有利于培养审美。她在一中楼道里看到女儿的摄影作品，不敢相信是自己女儿拍的，“她原来没有这方面的潜质啊！”“自由选择多么重要，能够暴露更真实的自己。”这名女教师笑着说，“孩子有那么多的能力，我竟然都没有发现，现在想之前是不是把孩子给耽误了？”

南湖中学等 6 所学校为了更好地发现和帮助学生，自 2014 年 7 月起也先后加入改革中来。

集中优质生源不是办教育的方向

一中能成为一所“新学校”，还得益于它的改革并非头痛医头，脚痛医脚，而是从起步开始就整体推进，像十一学校那样建立起“保障以学生为中心的治理结构”和“可供学生选择的课程体系”。

这首先需要市教育局放权，把属于学校的权力还给一中，支持它真正实行校长负责制。克拉玛依市教育局和北京十一学校对此达成了共识：校长对学校内部组织的机构设置、人员（岗位、职级）聘任、教师薪酬分配、课程开发和招生等拥有自主权。以此为基础，一中才能全面实行以“扁平化”“联邦制”“分布式”“制衡型”为特征的现代教育管理模式。

一中的实践还推动市教育局加快了简政放权的脚步。“以前的学校组织架构不是服务孩子的，而是服务校长和上级的。”彭建伟局长说，“走到这一步，必须动真格，否则会前功尽弃。”

2014 年 2 月，市教育局出台文件，砍掉了许多检查项目，把招聘、课程设置等权力交给学校。彭建伟还要求各科室，“除了上面的文件，一年不下发文件行不行，看学校能否运转？”市教育局也在酝酿对自己动一次手术，将目前的 18 个科室压缩到 10 个，并转变职能，“不能学校转型而机关不转型”。

一中大刀阔斧试点改革的背后，是克拉玛依市政府改变当地教育状况的迫切希望。当地教育界多年来一直为优质生源严重流失所困扰——中考成绩前 200 名的学生大多去了乌鲁木齐。克拉玛依已经连续 8 年没有学生考入北大、清华，市教育局为此挨了不少骂。时任市长也感到头疼，对教育局局长承诺：“你要人给人，要钱给钱，只要克拉玛依的学生不走，别的地方的学生愿意来。”

2010 年 6 月 16 日，一些校长向彭局长递交了一份建议，主张创建半封闭管理的励志班，集中优秀教师，建立高考基地，用比乌鲁木齐学校更优惠的条件吸引中考前 160 名的学生。彭建伟否决了这一建议。“这不是办教育的方向。”他说，“集中优质生源就一定能办好学校吗？其他学生怎么办？”

1999 年，克拉玛依曾尝试过类似的办法，把中考成绩最好的 240 名学生集中在一起，从各校抽调一批老师，办了一所寄宿制的高级中学，为冲刺北大清华而努力。但 3 年后这种做法被证明行不通，并没有取得比优秀生源散落在各个学校时更好的高考成绩，反而“拖垮了一中、六中等学校，恶化了教育生态”。

彭建伟曾在中学任教 16 年，这些年来他北上南下，一直在寻找改变教育的机会。在 2011 年的一次市政府会议上，有领导建议去黄冈中学看看，但彭建伟回答说：“黄冈的教育已经不能满足未来教育发展的需求了。”他遇到北京十一学校时，眼睛亮了。“这不正是我们理想中的教育吗？”他说，“我们原来没想到的，想到的没能做成的，都在这所学校实现了。”

2012 年 9 月，他召集直属学校的校长开会。有人担心十一学校的师资与生源很好，其做法可能会在这里水土不服，但彭建伟相信自己的判断，斩钉截铁地告诉校长们：必须向十一学校学习，它引领的是未来基础教育的方向。

50多名优秀学生最终选择留在一中

2012年9月，李国莲还没能认识到向十一学校学习对克拉玛依的意义，她很不情愿地踏上了去北京的航班，同行的有40多名老师，他们将在那里浸泡一年，并在十一学校的帮助下完成一中教材、细目、诊断和练习等学习资源的研发。他们还陪伴克拉玛依市的两批共57名学生，在十一学校体验了一学期的自主学习、自我规划和自主管理。这些人（包括50多名学生）后来大多进入一中改革的起始年级，成为学校推行教改的核心力量。

一些走马观花的参观者会被十一学校的设施和豪华的师资阵容惊倒，认为“没法学”，从而“一叶障目”，无法像李国莲那样触及根本。这一年，李国莲是在不停地走路、说话和反思中度过的。她不得不买了一双平底鞋。她身高158厘米，工作18年来一直穿高跟鞋，现在不能再像以前那样爱美了。

李国莲的专业是生物，同行王春易的课，她跟着听了一个学期，才明白了什么叫“坚持培养学生自主学习能力”。她曾经认为不可能实现的教育，在王春易的课堂里都看到了：一学期带领学生们做了近30次实验；整堂课让学生自习，只做个别辅导；把一节课都用来让学生们阅读——这种自主学习之所以能够顺利进行，一个重要的原因在于，十一学校把各种学习资源，包括图书、实验器材都放在距离学生最近的地方，并为他们提供了学习导航仪——学科规划书。

她听不同的老师上课，发现她们之间存在差异，并不存在统一的教学模式。有的老师善于抓落实，有的亲和力很强，有的敢于在学生面前示弱，告诉他们自己也不会。

她学习十一学校的课程体系，把四本课程手册背了下来。她找每一个体育、艺术和技术老师聊，问他们为什么要这样做，如何满足学生的不同需求。十一学校负责课程开发的副校长秦建云后来称赞李国莲，“对十一学校的理解甚至超过不少十一的老师”。

对克拉玛依的这群老师而言，在十一学校最有价值的学习经历还包括陪伴来自家乡的57名初三学生。他们亲自用十一学校的教材为学生们授课。李国莲说，他们因此体验到了实施这套课程的风险，当然，还有它的魅力。

据他们观察，那些多年习惯于被动学习的学生，大都只要坚持五至六周，就能基本适应。在此期间，一个挑战是如何帮助学生克服焦虑，这需要老师在开始阶段舍得花费课堂时间指导学生自主阅读、研讨交流，“之后，他们会迷上这种学习方式”；另一个挑战，是如何帮助学生在丰富的课程模块里选择适合自己的课程，“稳妥的办法是做前期诊断，还有导师的个别指导，帮助学生更加理性地认识自己”。这套分层分类课程体系包括读本、标准、诊断和练习等资源，在一中教师团队教学能力参差不齐的情况下，要规避教师个人随意发挥的风险，学校需要在实施前组织教师研发和培训，规范教师的教学行为，“这样对学生才是安全的”。

这些学生的成绩在克拉玛依的同龄人中名列前茅，他们中的绝大多数人来北京只是为了体验一段生活，之后将按原计划进入乌鲁木齐的几所高考名校。他们在十一学校的表现以及最终的选择，将影响到这场改革能否顺利在克拉玛依一中进行。这些学生的背后，是一群焦虑的家长，他们随时可能来把孩子领走。

孩子们大多度过了一个月左右难熬的时光，就像巴丽娜尔那样。这位漂亮的哈萨克族姑娘最初很不适应新的学习方式，看到30分的化学成绩甚至怀疑自己的智商。她给家里打电话，和妈妈一起哭。一位同学在重压之下，背上长满湿疹，把老师递给她的西瓜扔出窗外。李国莲也担心第二天起床后，就会少了几个孩子。她不止一次听说，几个孩子在商议一起回家。

巴丽娜尔原本选择的是乌鲁木齐的八一中学，但她和同学们一样，被十一学校的课程深深吸引，她的同学中只有四人因为父母工作调动或身体原因离开，其他人都留在了一中。在十一学校与一中合作正式推行选课走班等改革举措的2013年，克拉玛依市中考前200名的学生只流失了37人，而在2011年和2012年，这个数字分别是119和161。

巴丽娜尔为何不愿离开？她说，在十一学校的5个月，“改变了我的人生，包括性格、想问题的方法和策划活动的能力”。她追求的不再只是拼命考上好大学，而认为“高中三年如果只用来学习，太对不起这三年了”。

她和十一学校的学生一样选课、上课、参加各种活动，发现那些同龄人“充满活力，有很多鬼点子，似乎什么活动都能搞好，不像我们只听老师的话”。她最初觉得选课就像挑选衣服那样困难，但当她回到一中后，“做了不少以前不敢做的事情”：找来志同道合者办起了辩论社；学的是文科，却选择了最高层级、远超出高考要求的数学Ⅲ；在零基础的情况下挑战了素描课；从两耳不闻窗外事，到喜欢上了时事政治评论课；报名参加英语四级考试，用一个寒假读完了英文原著《心是孤独的猎手》。

“十一是梦想中的学校，”巴丽娜尔说，“特别吸引我的是它的教育理念。”她从很多细节都看出了它对学生的尊重。因为习惯了十一学校的生活，来到一中后，有一段时间她喜欢把两个学校拿来比较。

能否学习十一学校，钱不是关键因素

巴丽娜尔感觉到，一中越来越像十一学校那样，把学生放在最重要的位置。这样的变化，还有赖于一个人的努力，他就是秦建云，北京十一学校副校长。

对秦建云的到来，一中的老师最初并没有表现出新疆人的热情。他召开第一次全体教师培训会时，一些人同以前一样是抱着一堆作业本去的，但他们听着听着，就渐渐抬起了头，停止了批改作业的笔。有人说：“以后这个人的会一定要去听。”后来的事实证明，秦副校长在克拉玛依一中的成功转型中发挥了重要作用，尽管他认为自己只是他们的陪伴者。

秦建云认为，学习十一学校的人可能会遇到两个障碍，一是不自信，认为自己技不如人，条件不如人；二是对十一学校的价值观把握不到位，难以理解他们为何那么做。所以，他在一中的一项重要工作，就是要不断唤起他们教育的自信，激发他们内心生长的愿望，在他们遇到困难和纠结的时候，陪伴和帮助他们，通过具体的事例解读十一的文化。

譬如，有人建议利用与十一学校合作的机会，去新疆各地寻找好生源，以尽快改变一中的面貌。秦建云反对。“我来这里是为了做好的教育，好的高考成绩只是其中之一。”他说，“我们的目的，是什么样的孩子来了，都要为他提供合适的教育，保证他在高中三年的发展是最好的。”

一名家长向高三学部主任投诉一位老师，要求组织家长听他的课，怎么办？秦建云说：“不可以，因为教育的前提是信任。学校欢迎每个家长观摩任何一节课，但不同意以这种方式进行。家长的意见要感谢，但不能作为解决和处理问题的依据，必须从学生角度了解真实情况，但又不能直接去问，而是根据学生们的行为表现来判断。”

一名高一学生就读一学期后，提出转学。李国莲说，传统的做法是不能放，这种事会口耳相传，影响学校声誉。但秦建云说没关系。他把学生和家长请来，和老师一起商量去留的利弊，以及帮助学生的方案，最后把选择的权力交给这个外来务工家庭。李国莲说：“我从中明白了何谓学生利益高于学校利益。”

“一中的老师们必须在具体的行为体验中完成转型，这种体验别人替代不了。”秦建云说，“向十一学校学习，就是要学它的担当，学它对学生真正的爱，不是停留在纸面和口头上，而是体现在行动上。”他强调，哪个学校如果还有行政大楼，就学不了十一学校。

有人担心没钱学不了。彭建伟局长说，请他们到一中看看，到南湖中学看看，主要是钱的问题吗？2014 年 6 月，克拉玛依一中的初中部也加入了这场课程改革，大家认为的重建教学楼、扩建活动场馆都没发生，只花了计划中三分之一的钱进行部分改造。几个月后，人们进入外观并无变化的教学楼，发现教室已与之前大不同，学科图书、学生作品、挂图仪器等让每间教室充满了学科元素。而南湖中学只多投入了 50 多万元，就开始了这场改革，它的技术课是从老虎钳子和铁丝开始的。

（原载 2015 年 2 月 11 日《中国青年报》，收入本书时略有改动）

教育部部长为何两次探访十一学校

2019 年 7 月 23 日，教育部部长陈宝生再次来到北京十一学校，距上一次来时隔不到两年。

在听完四位老师的发言后，陈宝生表现出与上次同样的欣喜，“你们的研究成果很有用，也很有意义”，“这个突破非常有意思”，“对我们很有启发”，并叮嘱坐在一旁的教育部人事司司长张东刚，“回去后要与教科院、教材局、基教司、北师大团队，进一步研究核心素养的深化和落地问题”，“同时注意吸收十一学校老师们的研究成果，悉心听取他们的意见”。

当天下午 4 点 10 分左右，在北京十一学校宽敞明亮、弥漫着淡淡书香的图书馆二楼，这场有关“如何从教学走向学习，让核心素养在课堂落地”的交流，在教育部部长和几名一线老师之间展开，持续了大约一个小时。

从教学走向学习，是十一学校继育人模式创新获得国务院颁发的首届教学成果特等奖后的持续性攻坚克难，其重点是在国家新课标背景下研究学生如何学，以及如何支持学生个性化、差异化的学习，老师们深知，这是一次“深水区转型”。

2017 年 9 月 14 日，陈宝生部长首次考察十一学校时，这一“深水区转型”已经起步。

一年多以后，2019 年 2 月，中共中央、国务院印发《中国教育现代化 2035》，其中明确提出：“到 2035 年，总体实现教育现代化，迈入教育强国行列，推动我国成为学习大国、人力资源强国和人才强国。”

而此时，十一学校为学习大国建设奠基的自觉探索，已进行了两年。

到2035年、2050年，“今天校园里的学生成长为国家中坚力量时，他们会学习吗？具有学习力吗？能够带动别人学习吗？”这是十九大之后，十一学校召开的一次内部会议上提出的几个问题。老师们一致认为，对这些命题的深入思考与破解，将事关教育强国、学习大国的建设大计。

兼任中国教育科学研究院学习与教学研究中心主任的王春易老师始终走在学校变革的前沿。她是这样对正对面的部长说的：“我们希望学生在课堂上，能够进行真实的学习和体验，可以根据明确适切的学习目标，确立要解决的问题，选择适合自己的学习方式和不同种类的学习资源，在深入的学习和体验中，学会学习，为终身学习打下基础。”

在这次座谈会上，“选择”成为高频词。第一次考察北京十一学校时，陈宝生为这所中学提炼的关键词也正是“选择”。

2007年，十一学校已经意识到，日益凸显的学生的个性差异和自主发展需求与单一的培养模式之间存在矛盾，学校迫切需要在教育理念、教学内容和教育途径等方面进行“内源性、结构性、系统性的改革”。从这一年起，学校着手进行顶层设计，2009年正式实施以育人模式创新为核心的学校转型。

这种转型以构建选择性的课程体系为基础，以学校组织结构与制度文化重建为保障，以创建全员育人、面向个体，最大限度地让学生发现自我、唤醒自我、成为自我的育人模式为关键。

十一学校踏上转型之路8年后，陈宝生部长来到这里，称它“誉满天下”，以选课走班为支撑的选择式教学，“解决了我们长期提倡而难以实现的因材施教的问题”。

他说：“十一学校改革的成功在于创新了一种教育模式。它既不是西方教会式教学，也不是书院式、私塾式教学，而是融合了民族、传统与现代等各种元素形成的有教无类、因材施教、生活式的教学模式。”

“十一学校有许多反映教育规律、学生成长规律的经验。”这位曾经主抓过一省宣传工作的部长，当时还向陪同调研的北京市和教育部有关负责人建议，可以搞一个推广包、工具包，“针对不同类型的学校，不同水平的学校”加以推广。

2019 年 6 月，在教育部举行的新闻发布会上，记者们拿到了一份有关北京十一学校的材料，据《迈向普通高中教育现代化的新起点》的文章介绍，这所中学在综合教育改革试点实践中取得的成果包括：

> 坚持扎根中国大地办学校，遵循国家课程方案，系统构建了丰富、多样、可选择的课程体系，努力培育全面而有个性的一代新人；
>
> 初步构建了全员、全程、全方位育人的全面培养体系，立德树人的落实机制进一步健全；
>
> 构建现代学校治理体系，系统营造生长性学校生态。

《中国教育现代化 2035》提出了推进教育现代化的八大基本理念：更加注重以德为先，更加注重全面发展，更加注重面向人人，更加注重终身学习，更加注重因材施教，更加注重知行合一，更加注重融合发展，更加注重共建共享。

这让十一学校欣慰而振奋，因为在过去的 12 年里，它正是这样做的。“按照规律，一切为了学生，我们的脉搏是和国家一块跳动的。”李希贵校长说。

熟悉十一学校的人会为其散发的魅力所吸引——既坚守教育的初心，又为更好地实现教育使命，不断求变。

截至目前，十一联盟学校已达 30 所。为此，6 月 19 日，十一学校联盟总校举行了“新时代新学校新蓝图——K12 育人模式实验启动会”，面对新时代大背景、新挑战，提出了新的目标：以学习蓝图为核心，迭代一套适应新时代发展的育人模式，让每一位学生都能走在可以伟大的路上。

（2019 年 7 月 25 日）

十一学校的创新，会经由怎样的校长而扩散

“创新者的道路，无论是孑然一身还是结伴同行，都往往是一条‘人迹罕至’的道路。然而，这条道路是值得一走的，因为这也许会‘彻底改变’你的生活和许多人的生活。”[①] 看完《嫁接十一学校——六位教育者的寻变之旅》，我想起了“颠覆式创新之父”克里斯坦森（Clayton Christensen）说过的这段话。12 年过去了，北京十一学校不再孑然一身，仅她的盟校就已达 30 所，还不论无数的仰慕者、追随者。

书中写到的六位校长，他们的教育生涯因十一学校而改变。王海霞离开了河北当地的龙头学校来到北京，把新生的十一学校龙樾实验中学办得声名鹊起。汪正贵辞去了安徽省数一数二的高中的校长职务，追随李希贵“重新过一种人生”。成都市泡桐树中学校长高仁辉，2013 年来十一学校参观，被其教育生态深深打动，从而确定了“坚定不移走十一学校改革之路的目标”。

有多少人会像这六名校长那样，循着十一学校这位探路者的足迹，走上“人迹罕至”的创新之路，是我自观察这所学校以来始终关注的话题。在我看来，中国基础教育改革发展的成败，在某种程度上取决于十一学校的探索成果能在多大范围得以推广、嫁接和生长。大约 9 年前，当十一学校的变革尚未引起大范围的瞩目时，我凭借记者的敏感判断：她在为中国的基础教育探路，代表了基础教育改革发展的方向。2014 年，时任湖北省黄冈市教育局局长的王建学在十一学校学习后，发出了

① 戴尔，葛瑞格森，克里斯坦森. 创新者的基因 [M]. 曾佳宁，译. 北京：中信出版社，2013：212.

类似的感慨："这是理想中的学校，代表着未来教育的方向。"这一年，十一学校荣获首届国家级教学成果奖特等奖，颁奖词中有这样一句话："十一学校的改革为我们中小学教育改革提供了一个新的方向。"

中国有 20 多万所中小学，它们虽然都叫学校，但学校之间的基因、价值观、需求不尽相同，有的甚至相差万里。十一学校之于中国教育和中国社会的价值，不仅在于她能够培养自己的学生走在"可以伟大"的道路上，还在于有多少教育者、多少学校会朝着她提供的新的方向走去。

对此，我们可以从一位美国学者的研究中找到参考答案。他叫罗杰斯（Everett M. Rogers），是著名的传播学学者和社会学家，他对创新的扩散研究感兴趣源于对农业的观察。有一次，他留意到，家乡的农民竟然推迟了好几年才接受明显对他们有利的创新方法，这让罗杰斯感到非常困惑和沮丧。"为什么他们不愿意采纳新的方法呢？"他对这个问题的好奇和追问，驱使他在研究了农业、医药卫生、教育改革等众多领域的 500 多个创新案例后，写出了经典著作《创新的扩散》。在这本书中，罗杰斯认为，创新的属性和用户对它的认知决定了创新被采用的速度和程度，可以从这五个维度来判断：相对优势、兼容性、复杂度、可试性和可见性（越容易看到效果的创新，人们越容易采用）。

十一学校的创新具有明显优势，其成果可试可见，推广、嫁接的难度主要来自"兼容度"（和潜在用户的价值观、过往经验、需求的一致程度）与"复杂度"（被使用或理解的难度）。这两点将决定嫁接十一学校的行为能否发生，以及嫁接后的"成活率"——兼容才不会"排异"，再辅以高明的嫁接术和嫁接后的科学管理，新事物就能成长起来。

汪正贵等六位校长分别来自安徽、河北、山东、四川等地，他们"嫁接十一学校"的寻变之旅，正在持续，令人鼓舞。我们从他们身上能看到，十一学校的志同道合者具有的两大突出特点。

第一，他们高度认同十一学校的价值观，受使命驱使，不满足于现状。

如吉姆·柯林斯（Jim Collins）所言，使命"就像地平线上指引的恒星，可以永远地追寻，却永远不可能达到"。"尽管使命本身不会变化，它却能激发改变。”[①] 当年乔布斯（Steve Jobs）为了把百事可乐总裁约翰·斯卡利（John Sculley）挖到苹果公司来，用的就是“使命”激将法：问对方是想卖一辈子糖水，还是想获得改变世界的机会？

殊途同归。十一学校为吸引优秀的应届毕业生，发出的召唤是：“来北京十一学校，和我们一起改变世界，以教育的方式。”这所中学追求的目标之高远，有的人可能无法理解，但志同道合者会被打动和吸引。

汪正贵来北京之前已是全国知名校长，所在学校是安徽省第一所示范性高中，有“江南城市教育一枝花”的美誉。他被李希贵校长的几句话打动，为了李校长所说的不确定性、做真教育，更为了能和李校长这样有情怀的人一起做教育，47 岁做“北漂”。他不想重复自己，不想过一眼就能看到头的余生，“内心尚有不甘，觉得远方还没有抵达”。

山东省济南市第十四中学校长杨荣耀一直在寻找理想学校，虽然精细化管理很有成效，“可我的内心总是不满意，因为它与我内心追求的教育相距甚远”。他奔赴各地考察、学习，直到遇见十一学校，豁然开朗，“终于找到了，这所学校学生的状态让我心动”。

王海霞为什么离开河北来到北京？也是因为“内心有一种东西。我并不满足于那样做校长，尽管是在十分知名的学校”。

这几位校长均年近半百，有成熟的教育管理经验，在自己的一亩三分地里可谓得心应手，不缺荣誉和赞誉，本可以在既定的轨道上，心安理得，甚至沾沾自喜地工作到退休，但他们却心有不甘，对现状不满意、不满足。一旦那种潜藏于心中的教育理想样态出现，他们就会有杨荣耀校长那样“终于找到了”的惊喜。其实，他们不只是在学习十一学校，更是在这种学习的过程中发现自己，唤醒自己，成为更好的自己。

德国作家、诗人赫尔曼·黑塞（Hermann Hesse）说，对每个人而言，真正的职责只有一个：找到自我，然后在心里坚守一生，全心全意，永不停息。十一学校的使命，是以教育的方式，让世界变得更美好。那

---

① 柯林斯，波勒斯. 基业长青：企业永续经营的准则 [M]. 真如，译. 北京：中信出版社，2009：257.

么，你的学校呢？

第二，他们善于反思，敢于自我否定，不断学习新事物。

这是锐意进取者与故步自封者的主要区别。前者在自我否定和学习中看到了别人没有看到（或者不愿意看到）的东西，从而发现、创造新的可能。而后者身上的自大、无知会令他们蒙蔽双眼，让他们对变化和“山外有山，人外有人”视而不见、无动于衷。

一些校长和教育局局长参观完十一学校后，会用一句“不可学”中断自己继续学习的机会。这三个字看似轻描淡写，实则耐人寻味，交织着各种复杂的情绪，比如，拒绝变化。这种拒绝其实是人的本能，进化论告诉我们，人类天生将变化视为威胁，如果我们选择自己所熟悉的，危险就减少了。

而在英国经济学家、政治社会学家沃尔特·白芝浩（Walter Bagehot）看来，接受新观念意味着巨大的痛苦。因为它会让人觉得原来的看法可能是错误的，原先坚持的信念可能是毫无根据的。他甚至认为，一般人在这种情况下会对新观点或新事物感到厌恶，甚至会迁怒那些提出创新观念的人。

因此，只有少数人有勇气、有韧性、有能力去挑战那些复杂、未知甚至危险的问题。

书中写到的六位教育寻变者在接触、深入学习十一学校的过程中，都有强烈的情感反应。但他们没有抵触，也不为自己找借口，而是对照这所真正践行“学生第一”的学校，寻找自己过去身为教育者的差距和误区，并自觉地加以改进。这些在各地小有名气的校长，勇敢反思，以从零开始的心态学习，让我们看到了真正的教育者应有的品质。

崔京勇是山东省首批齐鲁名校长之一，随队到十一学校学习，震撼之余忽然发现，“从教 30 年来做的几乎全是小儿科”。

王海霞“为接触到这样一种先进的教育而激动，同时又感到很内疚，忽然觉得特别对不起我的学生，我没有给他们提供这么好的教育”。她因此北上学艺，在十一学校“闭关修炼”了 1000 多天，“了解越多心里越慌”，学习笔记写了好几大本，看起来都像写检查，“把自己挖得骨头疼”。

美国桥水基金创始人、《原则》一书的作者达利欧（Ray Dalio）说，如果你现在不觉得一年前的自己是愚蠢的，那说明你这一年什么都没有学到。从这个角度来看，六位校长对自己的某些否定，正是新的学习和进步的开始。

十一学校这个教育的制高点，在六位校长身上引发了一系列深刻而持续的变化，其中之一是对具体的人的关注。从他们的经历和反思可以推断，还有众多优秀的校长可能依然局限在“以人为本”的假象中而不自知。就像王海霞说的：“如果环境不改变，我恐怕一辈子也看不到自己的问题。”

对比十一学校，她发现过去她当校长离学生还是太远。汪正贵剖析自己更加不留情：过去当校长时，还不能算是真正以学生为本，可能是为了学校，为了面子，甚至是为了自己。有时可能只是借学生的名义，有时只是说一说，遇到困难、冲突、矛盾时就退缩了。“也许我们过去做的并不完全是真正的教育，有些甚至是违背教育规律的。”他说。

这种痛苦的反思带来的最大变化，之于王海霞“是眼里有人了，一个一个的人”。这让她拥有了教育者的淡定和从容，教育于她而言，已经不再是一项工作，而是对生命成长的敬畏。她不需要做给谁看，在孩子们身上起作用就行了。“我已经不太在意别人的评价，只在意学校的水温是不是正常、生态是不是高氧。”

汪正贵则“有一种重生的感觉”。到十一学校一年多后，他完成了最重要的一件事——自我重启。这正是他当初在众人的惋惜中离开安徽北上的初衷：寻求自我突破。

而崔京勇自踏入十一学校实验中学的那天起，就时时提醒自己：一定要减少行政命令，尽量减少统一，统一不是十一的理念；尊重学生的个性，尊重学生的选择权，才是十一的理念。他的一大变化：是过去所关注的、在乎的、看重的，甚至视为“治校法宝”的东西，比如，检查、惩罚、规章和制度，现在看来好像不大对劲了，也没那么重要了；而许多过去看来不合适的做法如今看着却顺眼了，办法也多起来了。

本文限于篇幅，无法对这六位校长高明的嫁接术予以阐述，我最想说的，是如果不具备以上两方面的特质，没有对真教育孜孜不倦的追求，没有面对教育制高点的清醒的自我认知，就不会有真正的学习发生。

罗杰斯在《创新的扩散》中，沿着创新扩散的时间轴划分出了不同类型的创新采用者，并揭示了每类人群在整个目标人口中的占比：2.5%的创新先驱者（他们具有冒险精神，对新思想有着浓厚的兴趣），13.5%的早期采用者（往往被誉为既成功又谨慎的接受创新的典范），34%的早期大众（是系统内比普通成员略早接受创新的群体，但很少能成为系统内的观念领导者），34%的后期大众（只有在系统内大多数成员接受创新后，他们才会跟随）和16%的落后者（对事物的看法最为狭隘，决策参考的对象往往是过去怎么样、过去有没有）。

在十一学校“创新的扩散”中，汪正贵等六位校长显然属于“少数派”中的创新先驱者或创新的早期采用者。他们的出现将带动更多的教育大众进入创新行列。

（2019年11月4日）

下篇

在十一学校，这位老师最大的感受是，它的文化里，“学生是最重要的”。他们之所以要披荆斩棘地进行学习的变革，也是为了帮助学生更好地获得自主学习和终身学习的能力。这所学校对学生的好，会超出很多人的想象。

科学界派往课堂的代表

50 岁的王笃年被学生们亲昵地称为“笃爷”。他说自己可能更适合做一名工程师，因为和机器打交道更符合他的性格。但他“误打误撞”成了教师，而且表现出色，颇受学生喜爱。

2013 年 6 月 5 日，王笃年像往常一样大步流星地走进教室，脸上还是那副不苟言笑的表情。他穿着随意，短袖衬衫松松垮垮地搭在微微凸起的肚皮上。身为化学教师和班主任，他今天要给北京十一学校首届科学实验班上“最后一课”。

他先用投影仪打出课题：化学告诉你。然后他说：“在你们中的大多数人即将永远告别化学学习的时候，我来带大家重温化学的意义。”他用了 30 多分钟举出自然界和生活中一个个与化学有关的有趣的事例——为何有的动物的血是蓝色的？年轻人多吃肥肉有何好处？为何说没有食品添加剂就没有食品安全……他不时调侃几句，惹得同学们哈哈大笑。

在课的结尾，他以凝重的语气向学生们强调：化学是理解物质世界的手段，是创造美好生活的工具。至于后天就要开始的高考，他只是在 PPT 的末尾打出一行字：“祝大家旗开得胜。”

这句祝福很快成为现实：这个 30 人的班级，除 7 人选择出国深造外，另有 17 人被北大、清华录取，学生的高考平均分达到 680 分。

但王笃年要的不只是这些。他向来就反感“那些拿高考做抓手”的人，认为他们是不懂教育才那么干。

王老师在“最后一课”嘱咐学生：“请大家日后不要做俗人做的事，给我发过节短信，但我希望随时分享各位学业进步、事业成功的消息。”

在王笃年看来，学生的成就是他生命的重要意义之一。他将永远以自己的学生为自豪！

从骨子里希望学生不要太听话

与面对学生时表现出的丰富性相比，王笃年的生活比较单调，他每天的作息几乎一成不变，即便学生们高考完离校了，他还是每天早上六点半左右来到教室，直到晚上十点半离开。

他有一大乐趣，就是在课间与几位同事一起从高中楼踱步而出，在校园里闲庭信步，顺便伺候一番“自留地”里的西红柿、辣椒等植物。

他喜欢看生命活泼健康地成长，喜欢走进学生中间，却不喜欢亲临旅游景点，认为电视画面比实景更美观。他的性格有点儿木讷，对那种呼朋唤友的生活总是退避三舍。有人说他“不懂生活”“缺少情趣”，他不以为然，反唇相讥：“我觉得，把所谓‘生活’与‘工作’截然分开，甚至视工作为负担是有些悲哀的。”

在科学实验班随便找几位同学了解，他们会告诉你王笃年“霸气”“认死理”或者“刀子嘴，豆腐心”，也有人说他其实“挺逗的”。这位身高一米八三的山东汉子，不怒自威，连他的徒弟、一位年轻的女同事，最初“也很怕他”。

王笃年曾在高一开学之初，带着电脑一连十来天像一尊金刚似的坐在教室的角落里，盯着那些连安静十分钟都难的学生上自习，“谁要是抬一下头，都可能被他点名”。还好，这种“像犯人一样被看管”的生活很快就过去了，当学生们能够管住他们的四肢和嘴巴时，外表严厉的王老师展现出了他的另一面。

“己所不欲，勿施于人”，王笃年从骨子里就希望学生们不要太听话。他甚至“提醒”一位同事：“你别把女儿教育得那么听话。”并“怂恿”那位小女孩：“老师布置的作业不要都做完。”

首届科学实验班招收的学生，大都不是传统意义上的好学生，但都学有所长，个性突出。有些人的表现在其他老师看来，简直不能容忍。

比如苏启舟，一个顶着大脑袋、被同学们称为“天才”的男生，就经常占用教室里的电脑玩游戏。在化学课上，他还被王老师用粉笔头“提醒”过，或直接被“赶出了教室”。他嘟嘟囔囔地表达了对王笃年的不满，说他“有的时候比较固执，可能思想有点儿保守”。

“如果我去上课的话，一般都是睡觉。”苏启舟漫不经心地说。有一次，他还睁着惺忪的睡眼，对“笃爷”嚷道：“你拎我干吗，我什么都知道。”“笃爷”也不生气，就给他出了几道题，他果然都会。“那你可以不听了。”王笃年大手一挥，很高兴的样子。他其实并不强求每个学生都来上他的课，“请假、睡觉都行”，但在课堂里不能影响他人。

苏启舟如果正常参加高考，估计会无缘好大学。好在他的数学天赋很高，获得了保送北大的资格。席睿远同学说，苏启舟对应试“基本上是一窍不通”，古诗全能读得懂，就是不知道怎么答题；英语的单选题至少要错一半，有时只能碰对四分之一，但听力全对。这样一位同学，要是搁在别人班里，可能会被认为是非常差的学生。但有一次，王笃年召集几位获得保送资格的学生谈话时却说：“我从不认为苏启舟是差生，相反，他是一位非常好的同学。”理由是，他有自己的特长，比较有个性，“可能就是不太喜欢应试，不太适合高考制度”。这让席睿远感到很惊讶。

学生们评价王笃年：对待学生既一视同仁又区别对待。他的脾气并不算好，说话也不会拐弯抹角，常常高声批评人，有时候还会用“苏大脑袋”之类的话调侃学生，但很少有人介意。学生知道，这位老师从没恶意。王笃年偶尔会反省：“我这脾气会不会在不知不觉中伤到一些学生？”

张羽辉同学日后想必会对这位老师心存感念。在孙文利老师看来，这是个“坐在教室的墙角，都能折腾出洞来”的孩子。对张羽辉身上的一些问题，王老师的解释总是三个字：“他还小。”

张羽辉出生于 1997 年的最后一天，是班上年龄最小的，上课时“老是站起来晃荡”，而且“门门都考四五十分”。高一学年结束时，其他任课老师的意见一致：科学实验班不适合他，留级。连家长也有点儿信心不够了。但王笃年却对他母亲说："让他先跟着，我多费点儿功夫，到高三的时候，实在不成，咱就让他复读一年。"他还说，"把这么优秀的孩子弄下去，我于心不忍，而且我担心他心理上接受不了，逆反起来反而坏事"。回头他就鼓励张羽辉："你千万别丢人，计算机竞赛不管你喜欢不喜欢，你必须给我拿下来。"

这小子就是拿着自己编的几个游戏软件，进的十一学校。王老师发现，他也有坐得住的时候，拿着厚厚一本英文原版的 C++ 语言的书，趴在电脑上，一坐一上午。王笃年说："那是真用功。"

张羽辉最喜欢的人工智能与虚拟现实技术，王笃年可说是一窍不通，但他相信这个学生"早晚会做成事"，虽然他在高中三年里，没学什么课程，只是做了三个"很厉害的项目"：在清华大学教授的指导下，模拟汽车撞车事故；做多米诺骨牌，花了一个多月时间推倒了第一块，又花了一个多月时间推倒第二块；与一名高一学生合作开发无地图找路系统。

"我从他身上看到了科学探索需要的兴趣与毫不气馁的精神。"王笃年说，还不忘替他辩解一句："他能看原版的英文教材，英语水平就够了，还要他怎么样？"而对数学"天才"苏启舟，他的看法是，其语文绝对不差，"会表达，有学生还辩论不过他，能理解，题目也能看懂"，只是考试分数差，但"抠字眼，问你这个字怎么念，那个词是什么意思，这样的考法意义不大"。

修养不是一天炼成的

王笃年从表面上看，是一个办事火急火燎的人，但在学生们面前表现从容。

他总是轻描淡写，劝告一些心急的老师，"那是孩子们成长过程当中不可避免的问题，不用急"。他还对一些抱怨孩子爱玩的家长说："孩子爱玩是天性，他又没干违法乱纪的事情，你着急什么？"

王笃年有时表现出的细腻会让人大吃一惊，因为这与他的块头相比反差太大了。有一次，化学教师董素英把学生参加竞赛的准考证一张张撕了下来。王笃年望着那些准考证上的毛边，不太满意："你怎么能这么做呢？你应该拿裁纸刀整整齐齐地裁下来给学生。"董素英后来观察她的这位师傅，发现他果然经常用到小刀，"怕弄坏给学生的东西"。

王笃年坚守的教育规则，第一是尊重，"你得尊重个性，尊重人格"，第二是信任。"我相信人都是向好的，我完全信任你们。"他对学生称，人人皆可为尧舜。

当然，王笃年的修养也不是一天炼成的。年轻的时候，他急起来有时忍不住一巴掌就上去了。25 年前的一件事，让他现在想起来还心有余悸。那时，王笃年是一位"说一不二"的班主任，连学生在课间扔粉笔头的行为都无法容忍，声称要罚款、请家长。

一次，他真抓到了一个学生，小家伙死活不肯服从他的处分，于是逃离了学校，跑得不知踪影。第二天一早，校长收到了这个孩子的信，其中写道："校长，当您看到这封信的时候，我已经不在人世了，请您把对我的处理结果烧成灰让我知道。"王笃年赶到他家，看到大门外果然烧了一堆纸，"吓得脸都白了"。原来是家长迷信，找人算了算，说要找到孩子，得"叫魂烧纸"。虽然这事最终有惊无险，却给了王老师"太大的教训"，此后他处理学生的问题时就特别慎重。

在十一学校，他难得发的一次火是因为某次评教活动，多数同学因急于上后面的体育活动课，对那张调查问卷表应付了事。结果王笃年发了脾气，他对学生说，"尊重老师是最起码的品德。在物欲横流的时代里，老师们之所以坚定地选择做老师，就全靠赢得学生的赞美支撑着"，"你为了打球，连半年才有一次的赞美老师一句话的机会都放弃，太过自私、无情了"。

科学实验班的这些孩子要被当成未来的社会精英来培养。王笃年可以容许他们犯错，但不允许出现品行方面的问题。他不认为那种开高尔夫球课、学什么上层社会课程的教育就是精英教育。"越是精英人士，越要多承担责任，要多承担就得有更多的能耐和见识，既要敢于突破，又要踏踏实实。”

他免不了要苦口婆心地向学生们“灌输”正确的人生观。一次，他请学生赵一明谈谈自己的想法：人生的意义是什么，人生应该追求什么。这个孩子表现出的对金钱的欲望，一直让王笃年耿耿于怀。

“人生的意义在于赚很多钱，买好车，买大房子。”赵一明如实作答。王笃年从鼻子里“哼”了一声，拿起一支白色的粉笔，也不说话，只是用力在桌上写下“拼搏”二字。“我当时就深受启发。”赵一明说，“他不认可那种挣大钱、做大官的价值观，觉得人生就是一个奋斗的过程，要在奋斗中收获快乐和意义。”

看看他的班会，就知道他希望传达什么样的价值观。他会找来《伤仲永》之类的古文，让学生一人一句翻译，然后听他讲其中的道理。或者找一篇关于杨振宁学习经历的文章，请大家谈阅读收获。他希望学生们胸怀大志，别把注意力放在那点儿可怜的分数和找个好工作上。一次大考前，他给一位勤奋的学生布置了这样一个作业，“明天上午先睡个懒觉，然后让你爸妈带你去郊区溜达几十公里”。有的家长要给孩子报课外辅导班，他唱反调：“别理他们，你回去告诉父母，要是有闲钱就捐点儿给王老师，他正愁没钱买房呢。”

当有的家长真的要对王老师表达心意的时候，孙文利只听到这位同事拿着手机说：“十一的校规是不准老师收受家长的任何礼品，你要是能帮我找到一个比十一学校更好的工作，让我愿意从这里辞职，那你就过来。”

不会提问把书背下来也没用

王笃年是成功的班主任，但归根结底是一位化学教师。这是他的立身之本。他在这方面表现出的自信和他高大的身材倒是很匹配。

在科学实验班高一年级的首次家长会上，有一位家长自恃是大学教授，有点儿不把中学教师放在眼里，不客气地对王笃年说：“你让学生自学，这个方式我们家孩子不太适应，还是希望你多讲。”王老师的语气有点儿生硬。他说，“要解决这个问题，只有两个办法，一是把孩子调出这个班，二是让孩子做出积极的改变”。他还说：“我上课的这个风格，自认为是没有问题的，不会因为你一个孩子改变。”

80 岁高龄的刘道玉在一次会上说，“自学、课堂讨论、独立研究”，才是未来大学创造教育的模式。如果武汉大学的这位老校长来十一学校听听王笃年的课，或许他会欣慰地发现，自己的大部分希望在一位中学教师的课堂里实现了。

王笃年是根据学生的问题组织课堂教学的，“学生如果没有问题，那我就没什么好讲的”。他近十年来坚持“四环节教学”：自学自研、问难讨论、精讲点拨、应用评价。“归根结底，没有主体的建构就没有学习。”王笃年说，建构的一个基本特征就是主动。

他每接手一个新班，都会在第一堂课上明确地告诉大家：“上我的课不用记笔记。”他不会一板一眼地板书，字写得斗大。一位老先生提醒他：有条理地板书，便于学生做笔记，有助于课后的学习。他却不以为然：在课堂上都学不会，课下就能学会吗？他还批评许多中学教师把教学过程看成“给学生解释教材”的过程，“这很害人，耽误了学生的前途，也影响了教师的专业成长”。

科学实验班的毕业生、就读北大元培计划实验班的董馨阳说：“王老师特别厉害，能够告诉我们很多书本上没有的东西。”他基本不讲教科书上的内容，也不检查作业。在高一高二他也绝对不会为了分数而教，“而是让我们从本质上理解化学学科”，只在进入高三后才传授一点儿应试技巧。

“好多看上去重要得不得了的知识点，我可能根本就不讲，因为学生能看懂，没有问题。”该怎么学习，王老师已经说得很清楚：拿一张纸，写上阅读中出现的问题，看着看着问题解决了，就把它划掉。“最后学生交给我的问题，可能由最初的七八十个减少到十来个或三五个。”这种自学不会无的放矢，王笃年和同事们合作编写的导学读本，字数大概是教材的 5 倍，汇集了多年的教学心得和问题思考。

他积累了来自学生的许多问题，名曰“中学化学的N个问题”，“有的到目前还没有答案”。但是那种“这类问题中考、高考不会考，你不需要知道”的限制性回答，或者“这个问题我也不知道，你自己查查吧”，然后就再没有下文的回答，不会出现在王笃年的教室里。因为他认为这样会妨碍自己履行教师的主要职责：“跟孩子交流对知识的看法，交流问题解决的思路，尽管我们自己的看法有时并不一定正确。”

在他的课堂上，会有学生跳出来说：“老师，我不这么看。”或者告诉他：“我在资料上看到的和您讲的不一样。”这时，王笃年会眯着他的小眼睛，鼓励学生说下去。

王笃年相信问题的力量，认为一个不会提问的学生即使把书背下来也没有用。有一个阶段，他还买了一大袋棒棒糖，谁提出好的问题就奖励谁一个。

做科学界派往课堂的代表

十一学校的人力资源部请王笃年给新教师谈谈师德建设。他微微弓着腰，山东口音通过扩音器变得更加明显。“我想，师德无非就是爱学生、爱教育事业、爱教学工作，干好本职工作，我觉得没什么好说的。”他说，“估计说些套话大家也未必爱听，听了也未必有用，还不如谈谈自己的职业成长经历”。他毫不谦虚地自称其教学特点是“居高临下，旁征博引”。也正是凭着这种自信，他敲开了十一学校的大门。

2003年7月26日，他从山东省诸城市来到这所名校试讲，主管人事的老师请他抽到题目后准备一天再来。“我没有那么多的时间。”王笃年霸气外露，“在北京也没有住处，抽到题目就讲吧，不用准备。”

但在33年前，王笃年没想过要做教师。当年高考填报志愿，他首选的是山东大学，在填第四志愿时实在想不出什么学校，便填报了山东师范大学。结果，1981年山东省师范类院校突然提前录取，把本来超过第一志愿录取线17.5分的王笃年招至门下。大三时，他在同学的推荐下阅读了苏霍姆林斯基的《给教师的建议》，这本书成为他一生的最爱，坚定了他做教师的信念，他再也没有想过要离开这个行当。

王笃年的自信有时会被理解成傲气。这个农家子弟在20世纪90年代曾被国家公派到日本学习了一年半。回国后，正在大力发展经济的地方政府领导想让王老师改行做翻译，服务对日贸易，还请一位市领导找他谈话："咱们这么大个市，找个化学老师很容易，找个懂日语的太难了。"王笃年脑袋一热，说："其实，找我这样的化学老师也是很难的，您的孩子就是我的学生，请您回家问问，他见没见过第二个像我这样教课的化学老师。"

王笃年的徒弟、中国科学院年轻的化学博士董素英，最初带着自信走进师傅的课堂，结果竟然听到了很多她不知道、也没想过的东西。她回家对丈夫感叹："这个老师真是太厉害了！"

王笃年的"厉害"是有原因的。他的阅读面虽然不广泛（对长篇文学作品就不太感兴趣），但在从教的最初几年，读过的一些经典"丰富了自己作为教师的心灵，对教育、教学的认识更加深入"。他后来偶尔会引用的名言，譬如"教师在讲课过程中要慷慨地提供事实而吝啬地给予概括"，"培养人，乃是培养他对前途的希望。要尽可能多地尊重一个人，也要尽可能多地要求一个人"——实际上，他正是那样做的——就来自他所阅读的苏霍姆林斯基、马卡连柯等教育家的著作。

他有备课前坚持阅读大学教材相应章节的习惯，几乎借阅了学校图书馆里所有与化学有关的书籍，常年从自费订阅的专业期刊上获取有关化学最新发展的信息。而且，他习惯"用化学家的眼光"看世界，设身处地从学生的角度出发思考教学。

"我很喜欢《美国国家科学教育标准》中的一句话：科学学科的教师，就是科学界派往课堂的代表。"他说，"这意味着我这位化学教师必须具有足够的科学素养。"

即使在看报纸、听广播、看电视新闻时，他也要把其中与化学有关的信息与中学教材"拼命"联系起来，从中寻求使学生产生兴趣的途径。比如，他要弄清楚染头发用的颜料，为什么粘在皮肤上可以洗掉，而染在头发上却不易洗掉？在苹果成熟后期，用于给苹果“上色”的反光膜表面的金属铝是如何弄上去的？日本海啸后的核泄漏事件为何会引起抢购碘盐事件？所以，偶尔他会和学生们开玩笑：“学好了化学，你就不会被骗，当然，你也可以去骗人。”

他相信，只要化学学科与学生的生活实际发生了联系，很少有人会对它不感兴趣。当然，谁又会把路上遇到的一块红砖和化学扯到一块？王老师捡起半块红砖，一副得意的样子，对同事孙文利说：“这就是咱讲课的素材。”

学生们认为“笃爷”霸气，还因为他不迷信权威。“吾爱吾师，吾更爱真理”，他希望学生会独立思考。“他不会在意哪个科学家是怎么想的，他有自己的看法，并且敢于说出自己的思考，可能不完全对。”冯伯阳同学说，“他带我们做题，也不会看答案，多次出现我们的结论是正确的，而答案是错的情况。”

一位叫于超凡的同学，显然受了王笃年的影响。他的书看完第一遍后基本没法再看第二遍，其中写满了各种批注。“像王老师一样，他不会轻易地接受一些东西，不会因为你的身份和地位，你说什么他就信什么。”张翼同学说。于超凡不停地质疑、查证、钻研，牵出了好多知识，有时到了废寝忘食的地步。

王笃年不善言辞，但喜欢为学生们创造争论的环境。譬如做实验，他会把全班分成几组，同一个实验不同的人做，或者在不同的条件下做。“在他的带领下去讨论，感觉非常有意思。”

一次实验后，有学生提问：为什么食盐水蒸发的时候，水分跑掉了，氯化钠却不跑？“你提的问题非常好，我也没想到。”王笃年说。学生就七嘴八舌地议论这事儿，有人说，在海边会闻到腥味，是不是说明氯化钠也挥发？“其实，那是错觉，氯化钠不会挥发是事实，但道理何在呢？”

实际上，在传统的教学中，学生们只要记住这个答案就可以了，不必寻找为什么。“那样的话，学生等于什么也没学。”王笃年说。化学既是实验科学，也是在原子分子水平上研究物质世界的学问，作为学生化学的启蒙者，他必须引导学生深入微观世界。

这时，有学生异想天开，说："会不会是这样，海水里的氯化钠是以氯离子和钠离子的形式存在的。当带负电荷的氯离子试图离开水面时，则会受到带正电荷的钠离子牵扯，钠离子再受到别的氯离子牵扯，形成了一个离子链，最终结果是谁也逃脱不了？"

王笃年听到这种观点，不但不觉得荒谬，反而有点儿激动，大声说："这种思考问题的角度真是太妙了！"

（原载 2014 年第 5 期《人民教育》，收入本书时略有改动）

北大博士十一学校从教记

学习和考试，可能是李春宇同学最擅长的事了。他怀揣清华和北大的三个学位证书成了北京十一学校的物理教师，却不希望学生重走他的老路。“只会纸上谈兵让我的发展很受限。”他说，“如果这帮学生毕业以后只会书上那点儿物理知识，那就糟糕了。”

为避免这种情况的出现，他把教室变成了问题的集合处、热闹的实验室。走进去，常见三五人扎堆，分散在教室各处。有时，正是上物理课的时间，教室里却不见人，在校园里转上一阵儿，也许你会在操场里遇见这群学生在大呼小叫、敲锣打鼓地测声速。

李春宇希望学生能够学以致用，用物理的眼光看世界。“学习物理绝对不是为了掌握某种理论，而是要用它们去解决具体的问题。”这种观点也没什么大不了的，他的不同寻常之处在于，说到做到了。

到这所中学任教是正确的选择

2014 年 9 月，春宇正式成为十一学校的一员，在经历了大约一周的恐慌后，他对这所全国闻名的学校有了归属感。几个月后，貌不惊人的小伙子吸引了很多同事的注意。

他们是在学校春季教育年会上，知道李春宇正在做的，是“让学生拥有专属于自己的实验”。他说话时有点儿紧张，却掷地有声：“大家都知道物理是一门实验科学，那么，让学生掌握以实验的方式来探索未知的方法，比让学生学会某种知识，往往更重要。”

有意思的是，此人在中学时代几乎没做过物理实验，只是凭借纸笔和大脑，就从湖北考入清华大学，学的正是需要动手实践的机械工程专业。

他回忆进入大学后的痛苦，“学霸”的成就感很快被没落感取代。在那些能够设计、制作各种东西的同学们面前，他的短板暴露无遗。“我只会纸上谈兵，动手能力差，没想过学过的东西还能与实践相结合。”

这位应试教育的“成功者”与“受害者”一再强调，如果在中学接受更好的教育，他的人生应该会不同。

1984 年，李春宇出生在湖北省钟祥县，在“封闭的书本教育”中读完了小学、中学，所幸这并没有让他成为一个唯唯诺诺、循规蹈矩之人。他拥有一名优秀教师的重要特质——善于反思并敢于行动。

现在，作为老师，李春宇不愿意照本宣科地围绕教材组织教学，尽管他对此得心应手。李春宇是在校招中偶遇北京十一学校的，当时他觉得这所中学的理念特别新颖，与自己上学时完全不一样，“我很认同”。这位从未读过教育学，也很少看人文社科类书籍的北大天体物理学博士，还找来了李希贵校长的著作《面向个体的教育》，用了几个晚上把它读完后，有点儿兴奋：“我觉得就应该这么干，逻辑上就应该这么干。”

他坚信到这所中学任教是正确的选择。但身为农民的父母可不这么看，他们免不了抱怨：上了那么多年的好大学后去中学做老师，“大材小用”。父母希望儿子不要放弃做选调生从政的机会，说不定很快就能做个副县长呢！

“这所学校不是传统的中学，它走在改革的前沿，有很多可以施展手脚的地方。”这是李春宇对父母的回应，也很快成为事实。

初来乍到，李老师按部就班地上了一个月的课，“一节一节地讲，本来成体系的东西被人为割裂”。对这种课的效果，李春宇有一个形象的比喻：学生这节课看到的是 A 种树的树根，下节课看到的是 B 种树的树干，就是看不到一棵完整的树。一个月后，李春宇就在同事的支持下对物理课动起手术来：先是重新整合内容，不再按照教材一节一节地上课，然后，干脆把教材变成读本，把物理课变成一节一节的实验课。

“物理所有的理论，本质上都是从生活实践中的问题产生的，都是基于实验的发现，学习物理也应该是这样的过程。”李春宇说。围绕一个实验展开，物理知识可以触类旁通。

如果用一句话概括李老师的初中物理课，可以这么说——要么在设计实验，要么在做实验，要么在分析实验。

学生上他的课，主要有这么几步：读书，遇到不懂的地方就去做个验证性实验；课前检测，找出共性问题后设计一个原创实验（起点要低到所有学生都能参与，同时上不封顶，让优秀学生有发展空间）；分享、分析、总结实验（老师把学生的实验成果做成微视频，上传到在线平台供大家继续学习）。

学生不爱嗟来之食

但初二年级的学生刚接触物理学科，“往往更乐于冥思苦想，去做脑力劳动，而不愿意，或者根本不屑于动手，也不习惯于用实验的方式来解决心中的疑问”。李春宇知道，对这些物理的新生而言，老师的入门引导是多么重要。

他自己就曾受益于初中的物理老师，此人能够以异想天开的方式启发学生思考，“帮我打开思路”。比如，学完大气压之后，老师让学生估算一下地球上的大气总量是多少。每当物理老师提出这样的问题，很多学生的精神会为之一振。

引导学生走上实验认知的道路，李老师有两大策略：一是，先带领一部分对实验有兴趣的学生动起来，让他们现身说法，分享实验的乐趣与好处；二是，从学生的疑问出发，个别化设计实验，因为“学生更乐于关注自己提出的问题”。

这一点看起来人人皆知，但除非改变以教师为中心的局面，否则很多教师是不会当真的。李春宇就因为这种教师的自负而受过打击。

他曾花了一天多的时间，围绕“密度”这个知识点查了很多数据，几经修改，苦心设计了一道“近乎完美”的题目，“既延续了课堂实验，又把一个非常高大上的科学思想融在里头，层层递进”。李春宇自信满满，把题目群发给年级的每一个学生，让他们选做，想象着热烈的反馈如潮水般涌来，不承想结果异常惨淡：200 多名学生中对此感兴趣的不到 10 人。李春宇“非常非常失落，百思不得其解”。

很快又发生了另一件事情，同样是关于密度：他们在讨论“如何用天平和量筒去测量大豆的密度”时，一位学生提问：“如果大豆吸水，是不是会对密度产生影响？”这个问题引发了热烈的讨论，远超李春宇想象。“你们想这么多，终究是想象，最终结果如何，动手试一试就知道了。”李春宇这样一提醒，学生纷纷从家里带来黄豆、绿豆做实验。

“我很纳闷：为什么这么一个再基础不过的实验，他们的兴趣很高？而我自己设计的内容，那么高大上，他们反而不理不睬？”

他反思的结果，是学生不爱嗟来之食。

于是，李春宇“转变思维、主动出击”，从学生的角度去发现、搜集和筛选问题，然后公布那些有代表性的问题，让志同道合者组成实验小组。

有学生问他：“可乐放久了密度会怎么变？”“我也不清楚，建议你做个实验吧。”有学生提问：“为什么各小组获得的水的沸点都不一样？”见大家争论不休，李春宇又站出来说：“我们可以做个实验。”

这时候的学生，还没有养成用实验去解决心中疑惑的习惯，李春宇备课时就很辛苦，他常常和搭档兼师傅宋新国，在教室里待到晚上十一点多，直到保安来催促他们“要锁大门了”。“你再怎么说让学生独立思考，这个实验本身还是要精心设计的，不能让学生漫无目的地做很多实验。”李春宇说。

随着学生的主动性与创造力不断被激发，李春宇作为老师的角色也在发生变化：开始是主导、辅导，然后是引导，“再后来就变成在一边欣赏了”。

让物理与生活产生联系

李春宇曾在一篇文章中提出，物理属于通识教育，学习它的目的是要解决普通人在生活中遇到的实际问题。他在课堂上落实“用物理眼光看世界”的理念，影响了不少学生，其中就包括雷迅，一个瘦小的女生，“春哥能让我们感觉到物理跟生活是息息相关的，培养了我们对生活的敏感”。

即便是爬长白山，学物理的学生也要不同于他人，他们在春哥的提议下，带着在山脚装好的一瓶空气，边往上爬边观察矿泉水瓶的变形程度，到了标记有海拔高度之处，还会停下来计算一下大气压强。

雷迅带着这样的眼光去看她的 iPad，发现上面标记的电压数不是寻常的 220V，“如果我拿 iPad 的充电器为手机充电，会怎么样？”她了解发动机的工作原理后，再听到汽车发动的声音，感觉都不一样了。她笑着说：“我不知道该怎么表达，就是用物理的眼光去看身边的事物时，那种熟悉的感觉，会让你特别愉悦。”

一次，李春宇在课堂上问学生：“大家在生活中遇到了哪些用电不顺的地方，我们可以通过电路设计去解决的？”他们刚学了电学，就要学以致用了。

有学生提出，第五节课下课去食堂吃饭，饭菜已经凉了，能不能做个装置让饭菜一直保温，或者温度一低就会提醒师傅们加热？

有值日的学生发现，实验结束后常有器材没有归位，可不可以做个东西自动提醒这些学生？

还有忍不住要在自习课玩手机游戏的学生，希望有个设备可以及时发现走进教室的老师，以便自己切换手机页面，不被老师发现……

诸如此类，20 来个学生列出了七八个问题。于是，两三人一起，挑选感兴趣的问题，形成一个个小项目组，还真把这些设想中的东西给做出来了。其中一个装置是用激光笔连接光敏电阻，老师只要走进教室，就会挡一下光，从而引发报警，提醒正在玩游戏的学生。

当物理和生活产生联系，学习的世界就大不同了。往冰水里撒盐，为什么水温反而会降低？教室的门开关有障碍，能不能找到最简单的解决办法？几个学生去修理储物柜的锁，无意中发现这栋楼的储物柜都可以用磁铁打开，这个漏洞怎么破解？在一部电梯里，随意挥挥手，就会出现一种炫光，是怎么回事？两个验电器，本来都带电，为何拿导线一碰，两个验电器的电就消失了？这些统统成了学生要通过实验解决的问题。

一位叫张翊轩的男生，从最基础的电路做起，“越做越深，慢慢改进”，前后花了大约一个月时间，做出了一套真人游戏装置，还成功地卖给学校，入账 800 元。“春哥激起了我探究的兴趣，在这个过程中，我学到了比书本上要多得多的东西。”张翊轩说。比如，有关电路的知识，做一个产品的方法和基本思路，会遇到什么问题，解决办法是什么，如何设计电路图，怎样合理安排每一个零件，为什么要选这个型号的器件等。“真正做出什么不重要，重要的是我学习、体验了这一套流程。”他说。

张翊轩的手机里存有大量的实验照片和视频，初中两年他做过的大大小小的实验约有 200 次。“感谢春哥，让我的创新思维意识萌芽。”在此之前，他不知道创新思维是什么东西，只知道上学、做作业和考试。

人天生有好奇心，为何会随着年龄增长，逐渐丧失探索未知的兴趣？“原因在于，他们的问题一次又一次没有得到解答，不了了之，缺少成就感的激励。”李春宇说。初中生的想法特别多，如果能够正确地引导他们，给一个合适的出口（譬如做实验），他们探究的热情就会高很多。

鼓励学生犯有价值的错误

十一学校实行“面向个体的教育”，体现之一是选课走班，初中物理被分为三级，李春宇教的是物理Ⅲ。教材上的那些知识对这些学生来说，一般不成问题。有学生就觉得什么都会了，上课没必要听。但李春宇的高明之处在于，他会以不断提问的方式让学生发现自己的盲区。

“你觉得自己对这个知识的掌握已经牢不可摧了，然后他就抛出一个问题。你一听，哇，怎么跟我想的不一样？有时就蒙了。”张翊轩说。他的话音未落，对面的董房峰同学就接过话头说：“上春哥的课，你不想听都走不了神，跟着他的思路走，会感觉挺有趣。”这就像雷迅说的“像看小说一样”，“你知道了这个点之后，他马上抛出另外一个息息相关的问题，你就很想知道接下来会发生什么”。

雷迅同学对李春宇的第一印象可不够好，“严厉、无趣”。后来，她才发现，李春宇不但有一副好脾气，而且有点儿小幽默。每当听他面带微笑引用下面这段话时，同学们就知道，春哥要让他们倒垃圾了：“科学的命题都是伟大的，它可以激起我们对未来的向往，而探索科学的过程是踏实的、实际的，一边想着深奥的物理问题，一边拧着扳手修冷却水管，也是一段有趣的经历。”

从教三年多来，春哥只对学生发过三次火。第一次是两位男生因为争抢器材动起手来，“为了震慑他们”。第二次是对接手的新一届学生。“那天我事情特别多，忙了一上午，没吃午饭就接着上课，前天晚上也没睡好，又饿又困，看到上课铃响后，他们还乱成一团，就火了。”第三次是一位学生未经李春宇审核，做了额外的实验，两条电线一碰，“火花四溅，特别危险”。

只要不是原则性的问题，比如，不写作业，上课干其他的事情，书都没看就问老师，李春宇一般不会计较。“独立思考、合作交流、大胆地批判质疑”是他最看重的学习品质。至于“勤奋刻苦”，他认为不需要刻意培养，只要有了兴趣，再辛苦也是乐在其中的。对此，他太有体会了，“从来没觉得学习是件苦事”。

李春宇从小就爱琢磨，当他还是幼儿园小朋友的时候，有一段时间被这个现象给迷惑了：走在太阳底下，一会儿亮一会儿暗，“太阳是不是也像家里的电灯一样，有开关？”他看到大大小小各种石头，心想：“石头是不是会长大？”他还把一块石头放在瓶子里，差不多一年，观察它有没有长个儿。

爱思考的李春宇却不喜欢主动与人交往（学生例外），“没有十足的把握”也不会把自己的想法告知他人。这与他从小接受的教育有关，“对了给分，错了扣分，久了就养成非得想好才敢说的习惯”。

说起来有点儿令人匪夷所思：这位高才生是到北大读研究生后，才发现讨论是那么重要的。“那时候，一周可能有三天在跟别人讨论，收获很大。”

李春宇不想限制学生的大脑。他基本不用 PPT 上课，认为太按部就班，会固化学生的思维，不能灵活应对课堂上随时生成的各种问题。他告诉学生，只要是做实验，就不存在结果错误这一说。“没有什么结论是你在实验时必须得到的，你只需要基于数据说话。”

为了破除一些学生不基于实验数据而基于理论说话的想法，他拿来一把相同规格的温度计，放进同一杯水里，结果温度计的度数各不一样。“你测出来是 20.0 度，他测出来是 20.3 度，都可以，没有谁对谁错，只要方法正确，结果都是对的。”

在从教的第二年，李春宇改变了对学生的评价方式，以实验代替传统的笔试，“以学生做过的实验为素材，将其重新加工成新的实验题”，不再考只有一个标准答案的填空题、选择题。为鼓励学生试错，他在过程性评价中加入了“最有价值的错误”（典型的、大多数人可能掉进去的“坑”），分数是 10 分。每当出现这样的“坑”，李春宇就会把它写在教室后方的一块白板上，一个学期下来，也积累了十几个。

“学生要不停地暴露自己的‘无知’，才能不断地健全理解。”李春宇说。只有标准答案的考试是在告诉学生不准犯错，这违背了自然科学发展的规律，也和鼓励创新的目标相悖。

尽早识别学生的多样性

李春宇最初不叫李春宇，他出生时，正逢 1984 年立春之后的第一场小雨，妈妈便给他取名“春雨”。他用这个名字上到五年级，看到自然书的最后一章讲的是宇宙，“看后特别兴奋，觉得这个东西太深邃太美妙了，决定把名字改成宇宙的宇”。但遭到了妈妈的反对，她认为这个字“没什么意义”，春雨向班主任求助，请她做妈妈的工作。

遇到问题时，李春宇会主动想办法解决。这种积极主动的生活态度，是他希望能够影响学生的。但他又担心一些学生会因“爱屋及乌”而喜欢天体物理，后来发现学生比他想象得要理智，“我作为老师的影响力没有那么大”。

这位青年教师也逐渐认识到，多样性是天然存在的，只要不要求学生做统一的事情，多样性就会表现出来。以他的学生为例，每个人在自然科学、人文、艺术、交际和组织等至少一个方面能展现自己的突出能力，“也就是说，他们都有成为优秀学生的潜力”。即便在学习物理时，有的学生擅长设计实验，有的学生擅长改进实验装置，有的学生擅长处理和分析数据。“在不同内容上，表现最好的也往往不是同一拨人。”

如何才能让学生的多样性显性化，以便让老师更加立体地了解学生，更好地因材施教？更重要的，是使学生看到彼此的长处和不足，建立自信的同时学会选择。谈到这里，李春宇有点儿自责：“如果我能从一开始就识别出学生的多样性，给他们的任务就会更个性化，他们就会少走一些弯路。”

但这谈何容易！

记住所有学生的名字！李春宇认为，“这是建立良好师生关系的基础，如果我连学生的名字都不知道，他就无法从我这里得到激励和认同感”。每接手一届新生，他都会用手机录像，请学生一个个自报家门、摆个造型，然后反复看视频，这让他能在一周内记住任教 7 个班的 150 多名学生。

还要力争做到与学生无障碍沟通。“如果学生始终觉得你是老师，在你面前显得很恭敬，就会有沟通障碍。”学生称他“春哥”，他内心有点儿小得意。他从一开始就把自己定位于“只是一个比他们多上几年学的学生”，在接下来的交往中，“也将心比心”，除了考试之外，其他事情都可以商量。比如，有学生反馈作业留得太多，那他就减少一些好了。

只通过学生单一的课堂表现，教师难以真正了解学生。李春宇会主动参与学生的各种活动，经常看他们的朋友圈，还会走进其他学科的课堂。当他看到一名在物理课上“无可救药”的学生，在语文课上表现出色时，他会重新认识这个学生，并且反思自己的方法和激励措施是否到位。

北京十一学校鼓励老师听不同学科的课。李春宇这样做，“主要想了解其他学科老师怎么与学生构建关系”。

一位女教师习惯称呼初二的学生“亲爱的”或者“宝贝”，李春宇听着别扭，但又分明能感受到这位老师在学生面前的亲切感，连挨了批评的学生面对老师的这种温柔，也无法硬性对抗。

有几位老师在课堂上提问学生时从不说“你们懂了吗”，而是问“我说明白了没有”。对此，李春宇最初不以为然，依旧在自己的课堂里问大家：“你们听懂了吗？”随着听到别的同事问“我说明白了没有”的次数增多，并且对比课堂交流氛围，李春宇也尝试改变问法，发现这一招果然好用，“这样一问，立马把自己的姿态摆得比较低，学生就愿意沟通了”。

有一位男教师向来对学生很严厉，但他批评起学生来，一定是从学生的角度出发，告诉他这样做对他有何危害，而不是谴责他给别人带来了什么伤害。

这些如果让李春宇一边教书一边去悟，“未必能悟得出来”。他也不会生搬硬套，像那位女教师一样喊学生“亲爱的”，但会因此受到启发而改变说话的语气。

李春宇感叹，身处十一学校这个“非常良性的环境里”，同事们的帮助和启发让他受益匪浅。“遇到各种问题，不用那么紧张，你不是一个人在孤独地走路。”说到走路，李春宇还是习惯一路小跑，但每每看到其他同事忙碌却从容，他也会受到感染。

2015 年，在与初二年级团队相处一年后，其他同事跟着学生去了“四高一”[①]，李春宇依然留在初中部，“感觉好像一下子失去了好多亲人”。与一群真的希望他能做得更好，不管遇到什么困难，都愿意帮助他，并且支持他实现新想法的同事一起工作，这位新教师每天都乐在其中。

让自己保鲜

在这所实行分布式管理的中学，李春宇角色多样：物理教师、学生导师、物理直升衔接课程负责人、晚自习项目组成员和科学实验班负责老师——一方面，这会让他忙个不停；另一方面，他也因此有机会和更多老师交往、合作。

十一学校一年到头开不了两次大会，但老师自发形成的各种小会却天天不断。李春宇每周会和导师组的同事们碰一次头，谈谈值得注意的问题和各自的看法。每天下午 3 点 10 分，他会走出教室，来到茶歇处，这时他能见到全年级的大部分老师，大家一边喝茶（咖啡）一边聊天。至于聊天的内容，如果你去旁听，就会发现他们不管是在教学楼，还是在食堂，都是三句话不离本行。李春宇在 20 分钟的茶歇时间里，讲过自己遇到的一些问题，也贡献过好的做法。

他反思自己的工作，认为太忙是个问题，这导致缺少停顿和积淀，“就像捡了芝麻丢了西瓜”。他很少有时间与妻子聊天，回到家时，她往往已经熟睡。刚过去的国庆节，李春宇没有休息；之前的暑假，他只休了一周。这种忙，是李春宇来十一学校之前没有想到的，也是他“自找的”。“总想把工作做得更好，结果发现那是一个无底洞。”在“洞”里，李老师每天都过得特别充实。

这人在工作上有一个突出特点：不愿重复别人的工作，也不愿简单

---

① 北京十一学校自 2001 年开始进行“六年一贯制”改革实验，初中学制两年，高中学制四年，实验学生不参加中考。“四高一”即四年制高中的第一年。

重复自己。他声称要做原创性的工作，为教育提供自己的见解和做法。难怪他每天睁眼闭眼都在想，怎样才能把实验设计得好上加好，怎么才能传达好学以致用的理念。一般人在工作一段时间后，很容易形成路径依赖，凭经验办事，李春宇却经常提醒自己“不能封闭”。

> 一般人很容易形成路径依赖，凭经验办事，他却经常提醒自己“不能封闭”。

他第二次带初二年级，备课时绝不会先看第一次带课的教案，一定是在重新设计后再对照之前的进行优化。他新接手高一学生，也是先做独立设计，再参考其他老师的经验。他忙得没有时间读整本书，但每天睡觉前，会通过微信公众号关注一下科学前沿信息。他还在学校开了一门高端科学课，好让自己始终保持对科学前沿信息的好奇心。这位理工科毕业生还认真学习了十九大报告中关于教育的论述。

李春宇是带着某种抱负来到中学的。他原以为凭自己的学识，做个中学物理老师，肯定是绰绰有余的，还有时间做自己想做的科研。但他很快发现，根本没有时间再去研究天体物理。好在，他已明确了自己转型的方向：做教育领域的科研人。“这比前者更难。”李春宇说。研究天体物理是人与自然对话，而教学是人与人对话，人比自然要复杂得多，而且不确定，无法用简单的物理模型来描述。

李春宇进行的这场“永无止境”的探索，颇受学生的好评，但效果到底如何，在他看来，只能交给未来、社会去检验。他希望自己的所作所为能够影响更多的老师。“我的力量再大，一年也只能教这么多学生。如果能把这些做法、想法传播给更多的人，让更多的老师帮助更多的学生学以致用，这个作用就大了。”

高一新生的军训结束后，同事王笃年见他挨个房间收集那些被丢弃的蚊香加热器，说是要拿回学校让学生设计实验用。“我就觉得这个青年非常用心，他的生活跟业务是一体化的。”王笃年说，“只有这样的人，才会有事业。”

（原载2017年第11期《未来教育家》，收入本书时略有改动）

以学生为本自我进化

我做记者十余年，还没有遇到一个团队能像北京十一学校的教师那样吸引我，让我多次产生这样一种奢望：要把他们的经历写出来。每位老师都像一座值得挖掘的富矿，你不知道会从中挖到什么，但相信一定会是某种闪闪发亮的东西。比如付鑫，1987 年出生、教龄才五年的青年教师。

资深的教育媒体人沈祖芸向我热情地推荐了他，在她对付鑫的赞不绝口中，有一句话引起了我的好奇："他绝对以学生为中心。"

在沈祖芸看来，付鑫是一位"极有前途的教师"。几个月前，在学校的教代会上他代表生物学科做了一个"震惊四座的分享"，校长听后调侃小付"一战成名"。十一学校 2017 年的教代会从当年 10 月开始，延续两个月，试图在全校上下撬动一场学习革命——"基于标准的学习"。在如林的高手中，个子不高的生物老师付鑫脱颖而出。

提供学习的指南针而不是地图

我理解的"基于标准的学习"，是需要教师把高高在上的国家课程标准"翻译"成学科标准，然后落实在一次次具体可感的学习过程中。"标准"既是学习的目标，也是学习的指南针。

我找来了付老师那份语惊四座的发言稿《重构单元：发现真实的生命科学》。他在其中解释了重构课程教学框架的出发点：为了体现出生命科学的理科属性，让学生的学习真实发生。因此，教师需要从实际生活中的问题入手，带领学生探究机理，用必要的知识作为支撑，最终实现学习迁移，解决实际问题。在这个过程中，老师的主要任务是为学生的学习提供资源和工具。

这个主要任务事关教师转型：从研究教师如何教转向研究学生如何学。用付鑫的话说，学习设计的根本出发点是学生的需求而非学习的内容。

我们结合一个案例来看看付老师的上述观点是怎样落地的。2018 年的寒假开始前，高一生物Ⅱ、Ⅲ的学生领到了一份寒假任务：在农历新年走亲访友、聊天拜年之际，调查自己家族的遗传性状，开启“遗传规律”的探索之旅。以此为基础，这场探索还将在新学期之初延续三周。一张 A4 大小的纸囊括了寒假作业的学习目标、学习结果预期、学习过程支持等内容。这个看起来清晰明了的学习任务，是一群老师绞尽脑汁、大费周折的结果——在基于标准的学习中，单兵作战已难以支持真实学习的发生。

以备课为例，付鑫说，不同于之前的一大挑战，是永远没有备完课的时候。“我发现整个备课逻辑要着眼于长远，不是具体到每节课，而是整个大单元。”他和同事们参考国际生物学教育领域的最新研究成果，从核心概念入手对高中生物学内容进行整合、重构，形成了细胞、代谢、生命历程、遗传、稳态、进化与多样性等六大主题，每个主题就是一个大学习单元。

“我需要设计前三节课干什么，中间五节课干什么，最后两节课干什么。而且，我无法预估每节课具体的进程，学生能够学到怎样一个程度。备课是会随时调整的过程。”付鑫说。但在学习之初，教师就要为学生准备大量的学习资源和工具包。他们不会只以个人为单位备课，而是形成团队，集合众人之智。

参与这次寒假作业设计的成员，包括付鑫在内的高一年级所有生物老师、学科主任张斌和生物特级教师、副校长王春易。后两位老师更重要的角色是提醒和把关。设计的难度在于：界定清楚、具体的学习任务及其对应的学科知识范围和内容宽度，提供能有效指导学习行为的量规。

付鑫他们掉进了大而空的陷阱，最初设想通过这次作业“把遗传的所有事都给解决了”。一再碰壁后才逐步将学习范围缩小到“总结遗传规律”。但通过怎样具体的活动才能实现这一点，依然不明确。王春易提醒大家：基于标准的学习落实在学习的过程中，一定是去解决学生能触及的具体问题。大家你看看我，我看看你，突然发现：人长什么样是学生可以直接感受到的。于是，在一番讨论之后，任务终于确定了。

那么，学生该怎么做？付鑫和同事们很认真地起草了“一个特别详细的任务规划”，清楚地告知学生：什么时候读多少页的书，走亲访友时怎么做，报告的各个部分该写什么内容——这时候，王春易又出现了。她提醒大家：学生学习的过程不是按老师给他搭好的台阶一节一节往上走的，老师需要给他搭台阶，但要有一定程度的跨越，其中的路径必须让他自己去摸索。

付鑫明白了，他们要做的，不是提供学习进程表，而是量规。在众人高强度的脑力劳动后，寒假任务的量规有了，它包括五个维度的内容（调查范围与对象、性状选择及理由、调查结果描述、调查结果预期、调查结果分析），各做到何种程度，“学生—学霸—学神三级阶段，请自主选择”。

我请付鑫用通俗易懂的话解释下量规是个什么东西。他说，量规要能告诉学生怎么做、做到何种程度，要能让学生看懂，多用陈述句和日常用语去表达一些术语，把抽象的表述变得更具体。但量规又不能规定得太细，字数一多学生就可能看不下去；也不能空泛，一空泛就发挥不了指引的作用。

我试着这样理解：量规大概就像指南针而非地图吧。它不像地图那样提供固定、明确的路线，但能指引学生在漫漫学习之旅中始终朝着正确的方向努力。至于如何到达目的地，不同的人可以选择不同的方法和路径。这种指南针优于地图之处，在于它能激发学习的多种可能性。

学生拿着任务单回到各自家中，将怎样做这项调查，就不再是老师能够主导得了的。这种“失控”将成为基于标准的学习的常态，因此，付鑫也免不了担心诸如基础知识落实不到位，教学效率降低，自己无法关注到每一个学生，尤其是那些比较沉默的学生等问题。但他相信，这是一个正确的方向，坚持做下去，学科素养才有望真正落地。

聚焦学生需求，进化教学能力

北京十一学校启动的这场学习革命，刚刚拉开大幕，学生也需要时间来适应。付鑫清醒地看到了人思想的惰性：大多不想经历并不轻松的学习过程。他发现，一些学习能力很强的学生和学习能力较弱的学生，并不喜欢这种学习方式。前者认为摸索太耽误时间，后者因遇到的困难太多，容易心生挫败感。反而是那些学习能力中上等的学生，愿意接受这种学习的挑战。

付鑫提醒自己，尽量从学生的角度思考问题，虽然免不了要逼一逼学生，但最重要的，是让学生真真切切地体验到，这种学习方式不管是对他们的升学、以后的职业发展，还是对学习习惯的养成和学习能力的提升，都大有好处。

眼里有学生，而且能看到并尊重学生的差异，是付鑫的一大特点。我问他："基于标准的学习落地的一大障碍，是不是学生的个体差异？"付老师毫不犹豫地否定了我这个说法。"正是因为学生的个体差异，我们必须要做这件事。"他说。

基于标准的学习，在十一学校的定位，是向深水区转型的改革。2014 年，这所京城名校关于育人模式的变革，获得了首届国家级教学成果奖特等奖。在那个暑假举行的学校内部研讨会上，校长李希贵着重分析了学校存在的各种问题和不足，提出了"顶峰不是休息的地方"，预示学校将攀登更高的山峰。

我持续多年观察十一学校的变革，面对它为中国基础教育改革发展之路做出的诸多开创性的贡献，不止一次情不自禁地感叹："它还能怎么变呢？"结果总有惊喜发生。这种持续的、深入的变革正是十一学校吸引付鑫的一个重要方面，也成了他不断进步的动力之一。

付鑫是一位说话不带明显京腔的北京人，语速很快，逻辑清晰，不会给听者带来压迫感。他是家族中第一位做老师的。不知为什么，他从小就喜欢这个职业，后来受环境影响一度放弃做老师的想法，到北京师范大学学生物后还做过科研梦，但很快发现自己还是更喜欢与人交流。五年前，这位北京师范大学课程论专业的研究生，经导师推荐来十一学校实习，之后成为其中一员。因表现突出，2017 年他受到了学校的重用，而立之年成为直升初一年级主任，这段开拓了其视野但不算成功的经历让他进一步意识到，自己可能更适合做整天和学生“混”在一起的教师。

他最初对自己的定位，是做一名在课堂上讲课风趣幽默、收放自如的老师。有两点付鑫很看重：足够的学识以及研究教育问题的能力。“所以我不断地充实自己，不断研究教育理论和教育实践的结合。”他要求自己每年至少写两篇文章，而且要达到在国家级核心期刊发表的水平。付鑫笑着说：“五年下来，我基本做到了。”

从教之初，他把读研究生期间摸索出的“5E 教学法”——一种用系列探究活动串联整个课堂的策略，包括 Engagement（参与）、Exploration（探究）、Explanation（解释）、Extend（延伸）、Evaluation（评价）等五要素——付诸实践，引来不少好评。如今，为了更准确地把握基于标准的学习，他啃完了几本并不好读的教育理论书，包括马扎诺（Robert J. Marzano）、肯德尔（John S. Kander）的《教育目标的新分类学》，威金斯（Grant Wiggins）和麦克泰格（Jay McTighe）写的厚达 400 多页的《追求理解的教学设计》。他将其中所学用于教学实践，觉得挺有效果。

生物老师付鑫就像他研究的那个世界一样，在不断进化自己的教学能力。刺激进化的，是他在观察与琢磨中，给自己提出的一个又一个问题。这些问题聚焦的，始终是学生的需求。

譬如，从笔试结果看，一个教学班的学生成绩普遍优秀，彼此并无明显差异，但付鑫看出来在学习过程中，每个人的学习路径不一样。如何为他们设计不一样的学习入口和目标，而不是用同一个学习活动统领整个班级的教学？又如何在45分钟内满足每个学生的不同需要？付鑫在困扰中摸索，发现小组学习是个好办法。

这种学习形式在付鑫这里也经历了迭代升级。

从每个小组完成相同的任务，到不同的小组解决不同的问题，前者易导致同质化现象，后者因学习入口不同带来了不一样的学习路径，从而更好地体现出学生的差异性，但有时课堂会显得比较乱，或限于课时而难以推动学习进度。

付鑫更担心的还不是这些问题。“即使这样分组，组内每一个人的思路还是不一样的。我怕我在课上仍然照顾不到每一个学生，尤其是那些不善于表达、在人群当中很容易被忽视的学生。”付鑫说。之前的小组学习是老师引领，有汇报环节，可以特意照顾那些学生多说一说，从而暴露他们学习中的问题，而现在全放开了，如何做才能有效监测他们的学习过程？

这又是一个好问题。

付鑫心心念念那些不起眼的学生，与他高中读书时的经历有关（他的高中母校距离十一学校不过20多公里），“就是死学，听完课也不和人交流，也没有机会去交流”。因此，他希望自己能走入学生的内心，多给他们机会去突破自己。

从内心喜欢那些成绩较差的学生

我问年轻的付鑫老师：“你欣赏的学生具备哪些特点？”他总结了以下四点。

一是自主学习能力强。遇到任何问题的第一反应，不是直接问而是主动利用资源去找答案。

二是敢于质疑。面对任何老师或课本当中提出的观点，自己觉得不对的都敢于提出来。

三是有持之以恒的精神。对自己的选择有担当、负责任，能一直做下去。

四是有规划性、目的性。知道自己每天应该干些什么，能把生活调剂得丰富多彩，会娱乐，会学习，身心健康。

我又问他："这种近乎完美的学生在你的学生当中占比有多大？"付老师神情严肃，给了一个并不乐观的数字：可能不到10%。"很多学生缺乏持之以恒的精神和规划能力，父母从小就把他们的事都规划好了。"付鑫说。他有时会有一种无力感，觉得在影响学生成长的各种因素中，老师起的作用可能是杯水车薪的，不过，他依然会把这杯水车薪的事情做到超出自己的预期。

比如，在帮助学习能力较差的学生方面，付鑫有一些观点和做法值得同行们学习、借鉴。有的老师为人诟病的一点在于，他们对所谓的优生与差生区别对待，其锥子般的眼神给一些学生留下了难忘的印象。这种后果可用《北京市十一学校行动纲要》中的一句话来回答："如果你讨厌你的学生，那么你的教育还没有开始，实际就已经结束了。"对付鑫而言，他不需要依靠专业技巧去掩饰自己的言行，因为他从内心认为，那些成绩较差的学生往往比较可爱。

付鑫耐心地告诉我，他们的可爱之处。

第一，他们学业基础弱，受到的束缚反而少，只要让他们敢于在课堂上开口，他们经常会冒出奇思妙想，比如，把免疫细胞看作机关枪，向外发射"抗体"子弹。

第二，他们很懂事，对老师的帮助懂得感恩，考试成绩不好并不会怨天尤人，反而觉得对不起老师。

第三，他们经常有所谓的"义气"，和老师建立起情感联系后会把"义气"嫁接到老师身上，在与同龄人交往中默默地为老师"站台"，并在一些活动中义不容辞地帮助老师。

付鑫会展现出一点儿个人魅力来吸引那些基础较弱的学生，让他们喜欢和老师"腻在一块儿"。有些学生直言不讳："付老师，我很喜欢你，但是我真的学不进去生物。"付鑫也不会摁着他们的头要求他们使劲学，往往选择"腻在一块儿"时，恰当地给予学习上的建议和指导，

“让他们不至于落得越来越多，完全失去学习生物的信心”。

付鑫的高明之处还在于，他能发现基础较差的学生的共性：联系能力比较弱。“他们孤立地把所学知识当成一个一个的碎片，往往在捡这块碎片的时候忘掉了那块碎片，形成不了完整的拼图。”那么，如何帮助这些学生逐步建立联系的能力?

付鑫的做法：一是提供一些实用的小工具，比如，用概念图整理所学的知识；二是从他们的生活背景出发，设计简单可行的学习任务。

例如，学遗传时要做果蝇杂交实验，由于果蝇的性状多且复杂，涉及的知识点也特别多，一些学生不知从何入手。付鑫会耐心地启发他们：先从最简单的、不需要用任何工具就可以观察到的性状入手，然后想一想对应的课本上孟德尔是怎么做的。

当学生遇到问题时，付老师不会直接告诉他们怎么办，而是把问题汇总起来一起分析问题出在哪儿：有的是之前的误解所致，有的是设计方案上有缺陷，有的是操作方法不当，还有的是结果分析时的疏忽。

付鑫说，学生们经历了这样一种从简单到复杂、从基础到提升、从肤浅到深入的解决实际问题的学习过程后，他们会发现，学习不是想象中的那么困难和碎片化了。

成为毕业生与母校之间的纽带

我采访了付鑫的三位学生，分别是高中在读的农宇涵和史然同学，对外经贸大学的学生提旭菲。国庆节假期，提旭菲和十几名高中同学结伴回校看望付老师，在他的家里热热闹闹地做了一顿饭。付鑫成了他们与母校之间“纽带一般的存在”，“是我们真正的朋友或者兄长”。

综合这三位学生对付老师的评价，我发现有这样突出的几点。

一是他的课有意思，逻辑清晰有体系，上课风格轻松愉快，让大家有主动学习的愿望，而不是被动输入。

二是他的话简单易懂，针对不同的学生有不同的讲课方法。

三是他上课内容丰富，有很多参考资料和教材上没有的东西，“有一种新世界的大门向我敞开的感觉”；生物有许多要背的知识，他有能力把生物融入学生的生活中，让学生对生物有一种新的理解。

“我的心态一直不平稳，付老师帮了我很多。他不会刻意安慰，而是一步一步地带着我把难题攻克下来，等我回头发现自己已经弄明白了，就有了自信。”

四是他有人格魅力，像对待朋友一样对待学生，能和学生玩到一起去，师生没有那种上下级的感觉，什么问题都可以和他说。“我的问题很多，经常在晚上缠着他。他不厌其烦地帮我，我很感激。”

“我心目中的好老师，一要有很高的专业素养，教高中要能俯视高中的知识体系；二要善于和学生沟通，不管是学术层面还是生活方面的话题。对，我说的就是付老师。”

在十一学校看来，“真正健康的师生关系必须靠人格与学识赢得”，“师生关系的主导方在教师，教师必须主动承担起推动和改善良好师生关系的责任”。付鑫正是这样一位老师，他希望自己能够做到让学生不分课上课下，不在意师生身份，任何时候都可以与他交流。

为此，付鑫也动了脑筋，把师生关系的建立当作一门学问去琢磨，他有这样一些有效的做法。

一是特别重视给新学生上的第一节课，并留下风趣幽默、可以平等交流的印象。他会提前认清每个学生的脸，与他们的名字一一对应；了解一些学生的基本背景，从中发现几个有特点的学生，利用他们带动班级的氛围；上课时，他一般从自我介绍开始，用自嘲的方式向学生传达自己没有教师架子的信号；他会结合生活中的现象来展示生物学科有意思的一面，希望学生了解学习生物的意义不是为了应付考试。

二是在开学第一周内基本能与教学班里的每个人单独交流一次，长则半小时，短则十几分钟，漫无目的地聊天，“让学生了解我，我也了解学生”。

三是让学生在课后愿意继续待在教室里，增加与学生相处的时间。付鑫不会规定学生在教室里到底要干吗，只要不肆无忌惮地玩游戏，不违规，他们可以随意交谈，兴奋起来绕着教室跑也无所谓。

四是多找机会与学生闲聊，待时机成熟才谈“学习正事”。新闻、八卦、新出的电子游戏，等等，都可以用来开启话题。“我们交流的时间里 80% 在聊与学习无关的事。”付鑫认为，正是这些看起来无意义的聊天，让学生愿意随时去找他。

如何判断师生关系是良性的？付老师提供了一个有趣的视角：一个学生能够直接告诉老师，他恋爱了，或者遇到了恋爱中的问题，希望听到老师的建议。“这时候的师生关系就达到我预想中的程度了。”付鑫很高兴，一些学生很乐意向他袒露心扉。

五年来，付鑫要求自己的，“基本都做到了”，有小小的成就感，但更多的是不满足。“在十一学校，必须要有自己独特的一点，同时又要不断进取，不断突破自己，才能真正站稳脚跟。”他说，“学校永远敢于重用那些有能力的人，这使我相信自己一直有希望往上走。”

付鑫视生物学科主任张斌为心目中的标杆，“未来我应该成为那种角色”：为人幽默，学识高，是生物学科的“活字典”，从未被学生问倒过，让学生“绝对信服”；上课的节奏永远是不紧不慢、循循善诱；作为管理者，收放自如，看似没有任何的管控，但在每一个关键点都能把整个学科的老师带动起来。

（原载 2018 年第 6 期《未来教育家》，收入本书时略有改动）

五旬教师的与时俱进

一个雾霾笼罩的日子，我走进北京十一学校的艺术楼，在通往电梯的走廊上，一幅贴在墙上的“月度人物”海报让我眼前一亮：一位前额宽大的中年男子，身穿黑色裤子与白色衬衫，摆臂做跑动状，眼睛笑成了两条缝。照片下方的文字在列举了他的典型事迹后，评价这位有 25 年教龄的资深教师，“一直以来心怀对教育的敬畏之心，不断学习，不断反思，不断总结，不断超越”。他经常说的一句话是：“人落后是从拒绝学习开始的。”

我动了采访此人的念头。从海报上大约 300 字的介绍来看，挖掘这位名叫何永德的地理老师的经历，至少会在这些方面——如何挑战自己、如何有效教学、如何提升作为教师的成就感——给许多不论是年轻还是年老的教师带来启发。

2018 年 5 月底的一天，我们第一次见面，在学校国际部七楼的咖啡厅，何老师笑眯眯地走了过来，一落座就表达了谦虚：“我不知道你会问什么，有点儿紧张。我也没什么好说的，就是一个普通老师。”但很快我就发现，如果我不插嘴，他可以滔滔不绝地讲上半天。

后来，从何老师的变化中，我意识到，克制说话（教）的欲望，对一名教师而言，是多么重要和不容易。

受困于鸡毛蒜皮之事，会变得刻板和庸俗

何永德已经 50 岁了，头发日益稀疏。截至目前，他还没有成为自己

讨厌的样子：思想陈腐、观念落后、老气横秋、毫无激情。他认为，一个老教师面临的最大风险就在这四个词语里。

有毕业生说何老师，一把年纪了，还像18岁似的，上课还蹦蹦跳跳的。讲地震波的内容时，“一把年纪”的何永德模仿纵波、横波跳跃，给学生留下了深刻印象。“蹦蹦跳跳”的背后，是何老师的不老心态。

“老师本来就应该像中医一样，越老越值钱，越老越吃香，但为什么很多学生越来越不喜欢老教师？”何永德解释这既与教师职业有关——太单一，又与教师自己有关——太封闭。

所以，他经常提醒自己：不要拒绝新东西，一定要跟上时代。此人甚至会强迫自己拥抱新变化。

他一直用的是windows7电脑系统，在windows10系统面世后，他听说不好用还偏要用。他去录微课，年轻同事要帮他调试设备，他谢绝了，话筒怎么插、按钮怎么弄，都自己过一遍，“要是他帮我做了，我下次还是不会”。他可以容忍手机“难看”，但无法容忍手机功能落后：不能发彩信、彩铃，换；不能用微信，换。

何永德这半辈子几乎都待在学校里，“没在社会上混过”，偶尔几次与一些“社会上的人”吃饭，听他们吹捧，回到家后，“心里还是很不舒服”。

一位老乡问他：“你除了教书，退休后能干吗？”闻之，何老师吓了一跳，觉得这是一记警钟，“我不能除了老本行三句话，啥也不懂”。

他有意识地接触一些教育圈外的人士，做一些看起来与教育无关的事。比如，去看话剧、京剧，从中学生必看书目中找《老人与海》《骆驼祥子》等书读，买了一堆《道德经》《三字经》等与传统文化有关的书，“有空就抽出来看看”。诸如《生活中的经济学》《影响力》等经管类的书，他也越来越有阅读兴致。周末，他还经常带着苹果手机去野外拍照，并为自己拍摄的山水照片配诗，“觉得蛮有意思”。最近，他又有了新想法，准备练毛笔字，学绘画。

“我有跳出教育看教育的意识，但还没有跳出来。”何永德自我评价道，“做老师，很容易受困于鸡毛蒜皮的事，久而久之就可能变得刻板和庸俗。”

他的同事魏老师是一位跨界高手。“很早我就明白了一个道理，要干好教育这一行，绝对不能只在教育圈中混，绝对不能只读教育方面的书。恰恰相反，应该尽可能多地和圈外人交往，尽可能多地读教育以外的书。”在一篇文章中，魏老师写道：“我们需要经常把耳朵竖起来放到教育圈外，只有站在教育圈外时，我们才能看清未来社会的走向，才能理解作为教师的使命是为尚未存在的社会培养新人。”

教地理的何永德曾被迫“跨界”，但没有跨到教育之外。2002 年 8 月 27 日，在开学前三天，他突然接到通知，除了地理课，学校还安排他带初一实验区的历史与社会课。何老师几乎没有教过历史，看到新课表时“傻了眼”。

与我谈及这段令他刻骨铭心的经历时，这位连续教过 8 年历史与社会课并获过该学科全国赛课一等奖的地理老师，更乐意把它看作成长中的关键事件。

何永德战战兢兢地上阵，没有消极怠工，而是坚持“要对得起学生，不能糊弄学生”这个原则不动摇，其不服输的性格也起了作用。他开始拼命学历史：把图书馆里能借的资料都借了出来，跑遍京城书店去买书，向学校所有的历史老师请教。其中一位叫刘元军的老师，把自己几十年收集的大约 20G 的资料毫无保留地给了他。他还读了大约 300 篇有关新课程改革的文章和《课程与教学基本理论》《外国教育经典解读》等书。连续四年，只要有机会，何永德每周都去北京市海淀区教师进修学校参加历史进修活动。

何永德看起来“好欺负”，实则外柔内刚。多年前，他在湖北老家的中学教地理，这门课沦为“副科”后，一些“主科”教师想借他的课一用，没有一人“得逞”。

要做好教育，应该尽可能多地和圈外人交往，尽可能多地读教育以外的书。

2007 年，他代表北京参加全国初中地理优质课比赛，但因忙于教育教学事务，没时间好好准备试讲，惹得一些专家大怒，劝他不要参加比赛了，“免得给北京带来不好的影响”，一位原本要陪同参赛的专家（大赛评委）也借故不去了。何永德坚持独自前往，还说“比好了就说你们太忙没有时间来，比差了就说你们不支持我参赛，是我自己坚持要来的，不代表海淀区和北京市”。结果，他拿了个一等奖。

这一次，何永德“赶鸭子上架”，边学边教，有时迫不得已，只好让学生来讲课，意外地发现效果竟比老师讲的要好。一位醉心于研究政治的男生，平时受学生排挤，但做历史与社会专题讲座时，滔滔不绝，颇有在《百家讲坛》开讲的感觉，一下子让其他学生刮目相看，不但增加了他的信心，而且融洽了与同学的关系。

这让何永德感叹：有时，经验丰富、知识渊博的老师，恰恰剥夺了学生学习的权利。

而何老师自己，经此一番“折磨”后，不仅完善了知识结构，更重要的是“开眼看世界了”，不再只是埋首于自己的地理学科。

他把时间拉长，以历史的眼光去看自己当年很在乎的一些事情，发现原来都不过是小事一桩。有时，他还异想天开，沿着历史发展的脉络，想象自己死后50年、100年的世界会是什么样子，“感觉很奇妙，就像一个不在地球上的人观察地球”。

在研究中工作，在工作中研究

何永德相信，万事万物都有规律，“顺着那个规律就会知道它未来的走向”，教学如此，学生学习也是如此。

喜欢琢磨、善于总结和提炼，是何永德留给我的一大印象。这一特点使得他看似波澜不惊的教育之河，经常会溅起朵朵漂亮的浪花。

《新闻联播》是何永德每天晚上七点必看的节目，“就算媳妇催我去散步，也得看完再走”。他不是看热闹，而是用地理学科的眼光去发现新闻背后的“地理要素”，并且结合高考要求，给学生们出题。

比如，《新闻联播》里谈的“循环经济区”，就与城市的功能分区、空间结构等城市化问题有关。围绕川航飞机挡风玻璃在高空破裂的新闻，就可以从大气对流层、平流层、温度和气压的变化等方面来出题。

高考怎么考，平时就该怎么学，何老师说这话没错。因为在他看来，北京卷的地理考题确实考能力，引导学生关注生活，从课堂走向社会，去解决一些问题。正确而适合的做法，是老师去研究试题，而不是让学生进入题海。

“题是做不完的。”何永德说着皱起了眉头，“已经会做的题，让学生再做一遍，有何意义？”

从依山傍水的湖北南漳小县城，来到北京十一学校，何永德有许多观念发生了变化，但对何谓好课的理解没有变：有效和高效。

“学生有收获就是有效。学生的时间和精力有限，人家这三年要快速成长，你慢吞吞地教，不行，要高效。”何永德解释说。要让学生真正学得轻松，课堂效率是生命线，所以，做老师的不能笨，否则，学生会很苦。

6 月 4 日上午 8 点 55 分，我开始观摩这位“不笨”的地理老师如何上课。何永德果然如他所言，极少讲具体的知识点。“知识浩如烟海，学是学不完的，关键要掌握方法，建立联系，高屋建瓴地俯视。”尽管个子不高，但他对学生说这句话时，却颇有气势。

还在湖北从教时，何永德就能做到不带教材上课，还能准确说出哪个知识点在哪一页。这一招通常能让学生佩服不已，但何永德没有因此自鸣得意或故意卖弄，他把课堂的使命定位在培养学生的地理思维能力上。

“学生自己能看懂的知识点，我不讲，主要讲思考问题的路径、方法和策略。”来到北京十一学校后，面对那些学习力比较强的学生，何永德“越来越觉得再纯粹讲知识就是浪费时间”。

何老师在课堂上抛出问题：假设你是一个农民，要种地，你会怎么办？比如，你的农业生产需要什么条件？生产过程中会遇到哪些问题？然后引导学生从大气圈、水圈、岩石圈和生物圈等角度分析，强调“找线索、找原因要身临其境、顺藤摸瓜、穷追不舍”。

何永德常年琢磨地理学科背后的东西，越琢磨越觉得那就是哲学。事物是普遍联系的、主要矛盾和次要矛盾、因地制宜、具体问题具体分析，这些高中哲学课的理论和原则经常被他用来分析、解决地理学科的问题。如自然地理环境由气候、地形、水文、土壤和生物等五个基本要素构成，它们之间“牵一发而动全身”，一个要素的改变会导致其他要素乃至整个环境的改变。

所以，何老师经常提醒学生：学了政治后，要用政治的原理对接地理学科的相关内容，思路就能打开了。

他也是应对高考的高手，连续多年主编的高考辅导试题颇受学生追捧。他曾经把历年的北京卷按地理考点切割、分类、组合，分析试题的视角、难易程度等，以帮助学生学习，“效果非常好”。

他做小学段项目主管，项目结束后洋洋洒洒地写了6800多字的总结文章，对小学段的管理原则、内容、设计流程、应注意的问题等做了详尽实用的梳理，“让别的老师一看就知道怎么做”。

他第一次以学校“月度人物”的身份出现，是在2009年3月，因为他“一改过去凭经验、凭感觉来分析成绩的历史，居然用刚刚学会的专业数据分析软件spss分析全班每个学科、每位学生的成绩，分析得有理有据”，“他身上积淀着一个十一人特有的品质——在研究中工作，在工作中研究”。

何永德“总想尽力把每一件事做好，不然心里会很不舒服”。他笑称自己不够大气，比如，准备小学段的春游或秋游活动，一定要提前去现场踩点，把学生必走的路线走一遍，才会安心。

看到那么多人在进步，你不可能原地踏步

17年前，何永德从北京师范大学毕业时，差点儿另择高枝弃十一学校而去。巧的是，他去学校告别时，正好遇上小升初咨询会，看到“乌泱乌泱的家长”，犹豫了：这个学校的前景看来会很不错啊，再等等吧。

17 年后，在学校暑期封闭研讨活动中，他发言称，自己进入十一学校后如同一朵浪花汇入长河，“想落后都难”。

2008 年以来，每逢暑假，这所中学的老师们会进行 10 天左右的封闭研讨，“就像江水一样汇流在一起，交流经验、碰撞思维”。

暑假，他们重点研讨的是“基于理解的教学设计”和课程与教学专家马扎诺的理论。十一学校启动“基于标准的学习”变革，从老师的教转向学生的学，在何永德看来，“真正把学生放在了首位，一切教学设计和教学活动都是围绕学生的学展开”。这要求他将原有的经验、理论重新构建。

何永德已从青年步入中年，但他没有变老，而是不断体验新生的痛苦和快乐。

“十一学校不断的改革总让自己不能躺在过去的经验里重复过往的课堂，总感觉在教书育人上有落后、需要改进的地方，甚至有一种不进则退的恐慌。”他说。

我想知道，在这位老师眼里，十一学校到底好在哪儿？何老师脱口而出说了七点。从他的回答来看，“不进则退的恐慌”带给他更多的不是精神压力，而是学习动力。

一是师生关系越来越好，都能体会到教育的意义、价值和幸福感。

二是绝大多数学生过得更快乐了，“以前，学生老被盯着，无处可躲；现在，学校允许犯错，鼓励尝试，连学习成绩最差的学生都有空间，愿意待在学校。他们的精神压力减轻了”。

三是学生全面发展的空间和机会多了，只要想有所作为，都能找到适合的平台。

四是重视师生未来发展的需求。

五是告别一刀切，尊重人性，老师有个性有自由，有自己的教学风格和思想。

六是搭建的教师成长平台多。

七是教师职业的意义感、价值感越来越强。“现在是体力上累，但精神上相对放松。”

与这七点相关的，是一个又一个老师的蜕变。何永德通过微信给我发来了下面这张表格，简明扼要地归纳了他进入十一学校前后的学生观、成绩观、课堂观和师生观的变化。

	过去	现在
学生观	学生是被灌输知识的对象 学生什么都不懂 学生观点稚嫩	学生是亟待被点燃的火把 有些知识老师不懂 学生有自己的理解和眼界
成绩观	学习成绩是唯一的标尺	人格成长、全面发展
课堂观	教与被教	教为学服务
师生观	师道尊严	师生平等

何永德尤其推崇学校的分享机制对自己的影响。这所中学一年到头几乎不开全员参加的大会，行政手段也越来越难有用武之地。它“鼓励先进，允许落后”，营造了人人欣欣向荣的生态。每天，大大小小各类正式、非正式的分享交流活动，在学校的各种空间进行，其中，教育年会是十一学校最引人注目的一种分享方式，自 2013 年以来，已举办八届。

外人要想在短短一两天内得知这所名校在倡导什么，生长出了什么，参加年会是最佳选择。从年会的主题——“发现那棵树”“个别化标准化数字化”“唤醒心中的巨人”“为每一个人的学习而设计”“让学习真实地发生”“让教育真实地发生”——来看，这所中学不管怎么变，一直在聚焦学生，关注学生的个别化学习，唤醒学生的内动力，让学习真实发生。

“如果没有这些分享活动，就不知道别人有多大的进步，自己有多么落后。”他说，“看到那么多人都在进步，你不可能总是原地踏步的。”这种分享也给走在前面的人创造了机会，促使他们深入实践，归纳总结，系统而专业化地表达。

何永德身处其中，有时会感觉自己就像在上下班高峰期乘坐地铁，不管愿意不愿意，都会被人流裹挟着往前走。但他感到很安全，在这所学校“只要把事做好，就会有自己的位置”。“愿意每年如一日地工作，是因为对自己的职业生涯充满了信心和希望。”

当然，他有过人之处，会把外在的压力、动力变成内在的追求，从而发自内心地去迎接新挑战，不断跳出自己的舒适区：教历史与社会、主管小学段和研究性学习、做学生导师等。

何永德认为，老师职业倦怠主要是因为缺少职业成就感。老师出现职业倦怠时，学校要干预，给他安排有挑战性的活儿。这几年，当一切似乎驾轻就熟时，他也会有职业倦怠，“觉得平平淡淡的，好像在耗时间，没有新的成就”。但他会因此心生恐惧，凡有课题、讲座，都积极参加。

最近，何永德面临的挑战和动力来自“基于标准的学习”。在2017年的暑假封闭研讨中，他表达了一位老教师时不我待的紧迫感。

“今天发言的一位老师今年9月开学才入职，一个零教龄、零经验、刚毕业的新教师，和我这个工作25年的老教师都在畅谈基于理解的教学设计对教学的启示和帮助。25比0到底会导致什么神奇的事件呢？”何永德说，“那必然是弯道超车，彼此的进步和超越也成了一种新常态。”

你拒绝反思和学习时，就注定会落后

何永德反思问题并改进行动的意识与能力，让我惊讶。他自称有“反思型性格”，但反思基因并非与生俱来，而是长期有意识的反思形成了这一难得的习惯。

“我做啥事都会反思，今天接受你的采访，回家就要反思说明白没有。”何永德说。身为老师，你不能自以为是，总觉得自己是对的。“当你拒绝反思，当你自信到不学新东西的时候，你就注定会落后。”

我听了他一堂地理课。“这堂课我说得太多了，如果把更多的时间给学生，效果会更好。”课后，他在哈哈大笑中自我批评，“总感觉时间不够用，说到底还是不放心学生，观念有点儿落后，胆子得更大一些”。

这些年来，他有一个习惯：一节课上完后，马上就会反思自己有哪些地方做得不好，并在下一节课纠正。

在课堂上，何永德那双并不大的眼睛就像探照灯一样，捕捉每个学生的表情。如果有学生无精打采或两眼茫然，他会在课后陷入一种略带自责的反思中。

何永德能看到问题，是因为他以学生的感受与收获为标尺判断自己的行为。"你们快乐我就快乐；你们要是不高兴，告诉我，我一定会让你们高兴。"他对学生说。真正的快乐来自收获，而不是玩。

这个农民的儿子，看到了父母的职业与教师之间天然的联系。"做老师教学生就像农民种庄稼一样。"何永德说，"农民看到地里的庄稼长势喜人就高兴，老师看到学生有成长、有收获，心里就敞亮。"他所在的十一学校对此有一个凝练的表述——教师是一门迷恋学生成长的职业。

但仅仅依靠自己的眼睛，难以准确判断学生对所学的知识是否已经掌握，哪怕何永德"讲得清清楚楚"。在读了玛扎诺（Robert J. Marzano）的书《学习目标、形成性评估与高效课堂》，并听了美国专家在学校的讲座后，何永德开始有意识地使用一种可视化的工具与策略，去检测学生的学习效果。

何老师上课时很少板书，理由是：避免学生做知识点的搬运工。在我旁听的那节地理课上，他讲了一阵儿后，突然一挥背在身后的右手，颇有气势地说了一句："把我刚刚说的写下来。"

每当看到学生状态不好或认为所学内容很重要时，他就会停下来，用这一招。有时候是出一道题，请学生把解题思路写出来，说出来，"题是做不完的，主要听思路，思路决定出路"。

何永德的从教生涯始于 1992 年，这一年，24 岁的何永德从湖北大学地理系毕业，回到老家南漳县第一中学任教，正式告别了农民身份。

"刚开始，我的中学物理老师、数学老师、语文老师等人的身影经常在眼前晃悠"，他从模仿起步，几乎照搬了他的老师们的一些做法，包括简单粗暴地对待学生，然后酿成了一个对他触动很大的关键事件。

一位平常课堂表现积极活跃的男生违反了纪律，何永德采用当时流行的做法，让这名学生把家长请来，即便他下跪求情，年轻教师何永德也没有心软。家长来了，但从此那个阳光、自信的学生不见了，变得沉默寡言了。

“20多年了，我心里一直记着这事，最愧对的是那个孩子，可能对他的性格和一生都造成了不好的影响。”如今谈起来，何老师还会难过。

“我本来想让他的家长来帮一帮孩子，怎么会变成这样？过去我的班主任也很简单粗暴，我好像无所谓，为什么对他的打击会这么大？”对此事的反思，促使何永德从一名严苛的班主任很快变为领导眼中“性格太软，管不住学生”的老师。

他那时已认识到，把学生管得服服帖帖的，不一定就是优秀班主任，但在多年后，才有机会读到李希贵校长的一篇文章，看到其中一个让他醍醐灌顶的观点：学校是学生犯错误的地方。

何永德善于从失误中反思，也善于通过写文章来反思。很多老师一写文章就头疼，而何永德不但不怕，还有点儿享受，认为这是和自己对话的好机会。

“你不写，你的思想沉淀肯定是不够的。”何老师说，“写的过程就是梳理和反思事情的前因后果、当时怎么想的、对未来的工作有什么借鉴。如果你不写出来，这事可能就过去了。”曾经连续几年，他几乎每周都会写教学随笔，积累了上百篇，也不在乎能否发表。

这个好习惯得益于他的研究生学习经历。1998年，为了离开老家日益苦闷的教学环境，何永德考上了北京师范大学的研究生。“读研三年最大的收获就是学会了做研究、写论文。”何老师说。写论文提倡创新，要经常追问自己，与众不同的创新点在哪儿。

他读李希贵校长送的《人性的弱点》一书，结合过去做班主任的经历写了一篇读后感。“从孩童时期到成人参加工作，我们的头上总有强势者，他们拥有批评我们的权力——轮到我们也有这份强势的权力时，似乎忘记了自己的苦痛，也扮演起批评者的角色。可悲的循环。”“要重新反思自己的教育方式，以理解、保护、宽容的心态处理学生犯的错误——在等待中帮助他健康成长。”

他从高三下来后，给新高三教师写了 3500 多字的建议，其中有一条是："有的学生不管你怎么教就是不会，怎么办？自学！让他自学，遇到问题后再问老师，这时的讲解效果才会好。"

2014 年 5 月 19 日，这位地理老师写了一篇《改变的力量——教学从学生的需求开始》。"为什么老师把知识讲解得越透彻，反而对有些学生越没有吸引力呢？如果让学生自己学，自己去发现问题，然后老师再帮助解决，状况又会怎么样呢？"

为此，何永德尝试对教学流程做了一些调整：课前，以作业的形式让学生按照课程标准细目自学，梳理知识框架；上课的前 10 分钟，测试自学内容，学生之间互相交流解题思路，不能解决的问题最后汇总到老师手上，集体解答。

这一调整使得课堂形态、课堂效果"一下子就变了"。何永德认为，这种改变当中蕴含着一种神奇的力量，它源自"学生的需求"。

几年前，不断有人问李希贵校长，十一学校育人模式的改革，核心要素到底是什么？他回答，用最简单的话说，只有两点，一是保障学生中心的治理结构，一是可供学生选择的课程体系。

可以说，这所学校和老师是因学生而变。"改变自己需要智慧，更需要勇气，尤其是长期在一个岗位上重复做一件事情，很容易让惯性把我们带到自认为不可改变的高地，让我们以为这种方式就是最好的、最顺手的。"何永德说，"其实，我们被这种优越感挡住了前进的步伐。"

（原载 2018 年第 11 期《新课程评论》，收入本书时略有改动）

为学生的自主学习而设计

采访已在北京十一学校任职5年的何其书老师的经历，让我想起在《中国青年报》工作时，一位总编辑的观点：一名记者，如果在从业的最初5年里还没有崭露头角，那他将很难成为出色的记者。言外之意是，一位有潜质的优秀记者，工作不久就能脱颖而出。我不知道这样的论断是否适合教师。但可以肯定，何其书这位北大中文系毕业的“90后”已开始引人注目。

几年来，她所有的努力可以总结为一句话：为了提升学生自主学习的兴趣和能力。如果再把时间拉长一点儿，作为语文老师，她希望学生能把对语文的兴趣延续到整个人生当中，让语文成为他们生活的一部分。这样的学生在工作后，能在闲暇时看喜欢的作家的作品，即便看一部电影，他从中获得的乐趣，和语文素养一般的人相比也完全不一样。

何老师的进步源于北京十一学校几年前启动的“深水区的转型”——“基于标准的学习”改革，它力推从教学走向学习。这一行动的背后，是一个令人尴尬的现实：对众多学校的老师而言，兢兢业业的教学不一定能促进学生真实学习的发生。

“我们希望学生进入课堂后，能够进行真实的学习和体验，可以根据要解决的问题，选择适合自己的学习方式，选择不同种类的学习资源，选择不同层级的学习目标，在深入的学习和体验中，学会学习，为终身学习打下基础。”2019年7月23日，教育部部长陈宝生第二次到访十一学校，该校学习与教学研究中心主任王春易曾这样向他介绍“基于标准的学习”的初心。

为此，这所中学做出的艰苦而卓越的努力，被简明扼要地写在了几张 PPT 上，它们被打印出来，放在了教育部部长的眼前："两个转化"（将纲领性、指导性的课程标准转化为具体可操作的教学目标，将写给教师看的教学目标转化成学生看得懂的学习目标），"两个整合"（将琐碎、零散的知识点整合为抽象、可迁移的概念，将比较简单的探究活动整合为重知识应用的核心任务），"一个贯通"（强调目标—任务—评估的一致性，把评估变成进一步思考和探索的过程，与平时学习的核心任务密切关联）。

成为学习的设计师，把课堂变成学堂

要理解王春易老师的概述，我们需要深入何其书的教学世界。在这里，何老师成了一名学习的设计师，设计学习目标、核心任务、核心问题、学习过程、学习工具和量规等，成了她的家常便饭。她整日琢磨的，就是如何在一个接一个的专题学习中，把这些名词变成可以系统运转的学习行为。

乍看起来，何其书外表严肃、眼神犀利，似乎能掌控学生的一切，但她不愿在自己身上贴上"权威"的标签。把学习的时间和机会还给学生，在她看来是天经地义之事，没什么可纠结的。问题是怎么还？

她和同事们一头扎进了国家课程标准的学习中，在《普通高中语文课程标准》（2017 年版）中看到了这样一句话："语文学科核心素养是学生在积极的语言实践活动中积累与构建起来，并在真实的语言运用情境中表现出来的语言能力及其品质；是学生在语文学习中获得的语言知识与语言能力，思维方法与思维品质，情感、态度与价值观的综合体现。"

细读之后就能够发现，要获得语文核心素养，关键在于"积极的语言实践活动"与"真实的语言运用情境"。

在学习的天空里，不论老师飞得多高多远，国家课程标准始终是老师们的航标。

采访何其书的时候，正逢她带初一年级学生学习《骆驼祥子》，这要持续两周共10节课。我问她："你希望学生从中学到什么，悟到什么？""我觉得不是我希望他们学到什么，悟到什么，而是课程标准要求达到什么样的能力水平。"何其书说。能力的培养，首先应该建立在科学的基础上，其次才是鼓励学生把文本和现实生活联系在一起。

在细化课标的基础上，她设计了《骆驼祥子》的学习目标：能够勾勒出祥子的人生轨迹，并分析祥子性格和心态的变化；能够对主要人物进行评价，并探究祥子悲剧命运的成因。

让学生在开始学习之前，清楚地知道要去哪里，就如同走路，先得知道目的地在哪儿。仅此一举，便能激发部分学生学习的动力。把只有老师知道的"教学目标"转换成学生能看明白的"学习目标"，虽然只有一字之差，但带来的变化是根本性的——意味着教学从教师本位向学生本位转变，意味着学习应该成为学生主动的行为。

为确定一个好的学习目标，"我们经常反复修改，还会到更广泛的空间里去讨论，甚至会向校长请教"。何其书说好的学习目标应该是这样的：科学，来自课标；简洁、具体、可操作，学生一看就明白是怎么回事；适合学情，建立在老师丰富的经验以及对学生个体的了解之上。

明确学习目标后，设计师何其书与她的同事们接下来要做的，是确保目标的实现。其中，设计一项能自带学习动力的核心任务至关重要。在《骆驼祥子》的学习过程中，核心任务是这样的："假如在某个时间节点，书中人物的某一方面（如性格、想法、行动、遭遇和结局等）发生了变化，祥子的人生轨迹会有什么不同？请你们小组一起来做命运的操盘手，为祥子改写之后的人生故事。"

这个任务完成得如何，会有一个用于自我评价的量规（依据学习目标和学生的情况制定）从多个角度用描述性的语言，清楚地告诉学生，做得怎样是"创作菜鸟""创作学员"或"创作达人"。

提到量规，人们通常会想到圆锥体、尺子和螺纹件等有准确尺寸和形状的东西，在这里，它成了一个公开的、真实的学习评价工具，亦是对学习目标的具体分解，学生可以把它当作一把尺子自测学习程度。何其书认为，量规让学生在学习之前就知道了比较明确的努力方向，有望解决传统评价的三大问题：反馈滞后、孤立评价（看不到老师对别人的评价，不知道别人学得怎么样，不知道自己在群体当中的水平）、缺少建设性。

核心任务试图驱动学习成为学生主动创造的过程，并且把阅读和写作有机融合在一起。作为祥子命运的操盘手，学生对祥子的关注重点很不一样：有人关注祥子个人的觉醒，在改写的故事中给他找到了一条出路；有人希望祥子能和心爱的女人一起幸福地生活下去。他们当中最少的写了 1000 多字，最多的写了 9000 多字。

“他们的这种投入，完全是自觉的，不是老师强制要求的。”何其书说。过去，学生得知道一篇作文要写多少字，才能放心地去写，“好像是为了达到那个字数去完成某个任务，而现在他们完全不需要考虑字数问题”。

真实的学习就是这样的

如何设计一个有真实情景、有趣又有挑战性的核心任务，以吸引学生自觉地投入时间和精力去完成它？何其书直言，这太难了，“感觉除了《西游记》的核心任务能吸引所有学生，其余的都存在一个问题：对某一部分学生而言，没有多大的驱动力”。

在《西游记》的专题学习中，学生接到的核心任务，是回到小学母校，不借助任何材料，不用 PPT 和提纲，仅靠自己的记忆、理解，组织语言，详略得当地为小学生讲一个取经的故事。学生带着荣归母校的骄傲和展示自己与中学形象的决心，表现积极。

“让核心任务自带学习动力是一种理想化的追求，实际上它很难让所有的学生满意。”何其书说，“但真实的学习就是这样的，有时候你根本不想学，但你的理性会迫使自己去学。”即便有学生在课堂上大声说，他对某项核心任务不感兴趣，实际上还是会按要求去做，而且大多完成得挺好。

一个备受欢迎的核心任务来自专题“《史记》文学及小说的侠义人物”，它与学校一年一度的狂欢节发生了联系：“又要举办狂欢节了，请诸位在深入阅读侠义文学的基础上，为老师设计一位侠义人物角色，然后装扮之。”具体说来，它需要学生做到：（1）选择五个侠义人物，寻找其异同点；（2）用准确的词语概括五位人物的特征；（3）写出最想设计的人物，比较想设计的人物与最不想设计的人物，并说明理由，给出证据；（4）请写一封劝说信说服老师同意装扮你最终选择的侠义人物；（5）完成人物出场设计（先独立完成，然后分组合作）。

学生接到这个任务时，“感到特别惊讶、特别新奇”，有人不敢相信：“这是真的吗？”结果，2018 年的狂欢节，在学校的一个剧场里，他们导演了一场精彩的侠义人物秀。应一名学生的要求，何其书扮演丘处机。这位学生在劝说信中说，何老师与丘道长一样爱护学生，有主持正道之心。

在不断的尝试中，何其书和同事们逐步提炼出，设计核心任务应遵循的几大原则。

一是具有真实情境。确保学生使用语言文字不是为了应试，而是和真实生活紧密相连。如学习美国记者埃德加·斯诺的《红星照耀中国》，核心任务是：假设你是斯诺，将在小学段期间来到十一学校给同学们做讲座，请根据你的阅读情况，确定讲座的主题和内容。

二是能够承载学习目标。“就像在侠义人物专题学习中，只要学生完成这个任务，我就可以肯定，他能够比较准确地概括侠义人物的形象，学会了做比较，也能把古代侠义人物的性格特点和现代人联系在一起。”

三是能力层级要上升到解决问题和迁移应用方面。“这样对自主学习的带动性就会比较强，而且能够促使学生提升自己的能力。”

四是一个有挑战性的好问题，能成为学习和创新的催化剂。与核心任务相关的一个重要设计便是核心问题，它通常会指向意义和价值层面的思考。如“我们为什么要读童话”，“假如一个人像祥子一样生活在不公道的社会里，他应该抱有什么样的人生态度”，“侠义精神在当今社会还有存在的必要吗”等。“善于思考的孩子，会不停地挖掘这个问题，对学习目标和学习文本的理解就会更深。”何其书说。这些问题常常需要结合实际生活去解答，每个人的思维方式、文化立场和价值观不一样，就会得出不同的答案。

做高效的学习者，集众人之智

作为一名学习设计师，何其书要做的远不止这些。她的努力目标可以用一个书名来概括：可见的学习。让学习的过程变得可见，以《骆驼祥子》为例，学习过程主要包括七个方面，如绘制祥子的人生轨迹图，包括不同阶段的性格变化、心态变化、促使其变化的关键事件；选择改变的节点，并说明改变的方面、理由及后续情节；根据量规绘制作品人物关系图；根据量规完成《骆驼祥子》新编，等等。

“让学生明白，要达到什么样的学习目标，有什么样的核心任务，当然很重要。”何其书说。但更重要的，是他们怎么才能做到。为此，他们需要针对学习过程的每一步，设计学生使用的工具，即脚手架。基于标准的学习，让何其书他们树立起了前所未有的工具意识。如为学习《骆驼祥子》准备的“节点选择工具”和“《骆驼祥子》故事新编提纲工具”；童话专题学习中的“夸张人物风云榜”（推选三位描写得最为夸张的人物，阐述入选理由，分析夸张的想象对塑造童话人物形象的作用，以及对童话情节和主旨的影响）、人物选择工具（从人物形象和现实意义等方面来思考，将童话人物和现实人物合理地联系在一起）。

看得见的学习带来了看得见的成长。何其书很乐意做这样的小结。

第一，学生对语文越来越有兴趣了，不再是被动的灌输式的学习。

第二，学生学会了做规划。一个专题常常要学两周，何老师会在专题学习第一天把整个学习计划告诉大家，每个人需要围绕学习目标，结合自身水平，做好适合自己的学习规划。

第三，学习更加科学了。大胆取舍，不面面俱到，学习目标明确、集中，从过去的“一种材料多个能力点”转向“多种材料围绕一个能力点”。学生的阅读量猛增，是之前的四五倍。这种学习也带来更多的新鲜感。

第四，有效培养了学生的联系、比较能力。何其书认为，若按照教材编排的方式单篇教学，会比较零散，可能会限制学生联系和比较的思维。现在学习一个专题，要读十几篇文章或好几本书，不是孤立地去看，而是围绕学习目标比较它们的异同，在它们之间建立起某种联系，这有益于触类旁通、举一反三，把书读活。“读得多，联系得多，比较得多，就更可能产生新的观点，新的创造。这样的学习也更有挑战、更有趣味。”

何其书说，基于标准的学习，确实给不同能力的学生提供了更多的可能性：下能保底——学习能力比较弱的，只要按照要求达标即可；上不封顶——优秀学生有更大的发展空间，没有天花板的限制。但老师们也意识到，这种学习方式可能会拉大学生之间的差距，让强者更优秀，而弱者会面临较大的挑战。

1990年，何其书出生在四川省广元市的一个中学教师家庭，小时候常见父母在家备课，让她觉得“做老师很辛苦”。多年后，她成为父母的同行，认识到老师是一个需要无限投入的职业。十一学校不要求老师坐班，她对此十分赞赏，说这样的学校特别理解教师的职业特点。

“基于标准的学习”带来的挑战，超出何其书的意料。2017年暑假首次接触后，有两个学期，她感觉压力都很大，“怕做得不够科学”，节假日和周末加班成为常态，备课量大增，是以前的三四倍，经常要忙到深夜十一二点。

何其书必须成为一名高效的学习者。她需要和同事们反复研究语文学科的国家课程标准，一边学习什么是量规，什么是项目式学习，怎样设计工具，一边立马拿过来用。在学习方面，她从小表现不错，不需要父母操心，更不用他们监督她做作业。到高中时，何其书已经有了提前规划第二天学习内容的好习惯。这种学习能力让她在十一学校很受益。身处这所有着变革基因

基于标准的学习，给不同能力的学生提供了更多的可能性：下能保底，上不封顶。

的著名中学，老师们有一天不学习就会落伍的担忧。“在十一学校，终身学习不是开玩笑，这里唯一不变的就是改变。”何其书说。

尽管在课堂上，何老师看起来似乎很轻松，很多时候是学生在自主学习，但她得有随时能接住各种问题的底气。这意味着推荐给学生读的每一篇文章、每一本书，何老师首先得研究明白。

她不再只是一名语文老师，还是一名语文学习的设计师。她经常得绞尽脑汁地琢磨，如何凭借出人意料的创意，激励学生自主学习。乔布斯说，创造就是在事物之间建立联系。用这句话来形容何其书也恰如其分。像《见字如面》《中国诗词大会》《朗读者》之类的综艺节目，十一学校里的狂欢节、各国文化日、颁奖典礼等重要活动，清明、端午、中秋等传统节日，都能成为她设计核心任务的创意来源。

还有一个重要的创意来源，就是老师们的集体智慧。在十一学校，老师单打独斗的时代已经过去了，学习过程的科学性与复杂性，需要老师们合作共创。一般情况下，何其书会与三位老师一起备课，有时会两人一组设计新专题，然后四人聚在一起不断打磨。每周，她们会聚两次，交流大家的课是怎么上的，遇到了什么样的问题，有哪些好的反思和做法，“不断分享、不断反思和改进”。这种集体备课的方式对何其书帮助很大，“你没想到的，别人可能想到了。一个想法加另一个想法，就可能得到一个更好的想法”。

她们还经常向其他年级、其他学科的老师请教，比如闫存林老师、雷其坤老师、史建筑老师……这样的名字可以列出一长串，“他们经验丰富又不失创造的热情。我在他们的引领和帮助下成长，感觉集体特别温暖”。

身处十一学校，如同置身于一个观点的自由市场，学科内外的交流、碰撞时有发生。

我问何其书，作为个体，感受到来自学校的压力或动力有哪些？她用“温和、坚定”来形容学校对变革的态度——立场坚定，方向明确，但校方没有强迫大家一定要怎样做，而是温和引领，通过分享，梳理问题、风险，帮助大家更好地认识项目式学习，理解为什么要有基于标准的学习，并鼓励大家把心中的顾虑都表达出来。

以基于标准的学习为主题的教育年会，已连续举办了三届，呈现了各个学科富有成效、具体而微的探索和思考。例如，“视觉课程如何设计‘自带动力’的核心任务”，“核心任务如何与核心问题更好地匹配”，以及何其书分享过的“如何将名著阅读和传记写作的核心任务相结合”。

每年寒暑假的封闭研讨，则是极其烧脑的“做中学”。正是在2017年的暑假封闭研讨中，何其书开始接触基于标准的学习，跟着语文学科主任闫存林等同事学习、研究了各类初、高中的语文课程标准、中高考考试说明以及美国的相关学习成果，并在此基础上制定细化语文学科的各种标准。当时，作为一名跟随者，年轻的何其书还意识不到，他们的举措将给学校语文课程的生态带来多么大的影响。她只是觉得“应该把学习目标定得更具体、更清晰、更可操作一些”，之前的语文教学目标“比较模糊”。

至于何其书口中经常出现的“激发学生学习的内动力”之类的话，则是后来的事，在“基于标准的学习”的初始阶段，她还没有形成这种认识。

转折点发生在2017年12月，在李希贵校长亲自参与和推动下，他们把侠义人物的专题学习设计成“狂欢节中的语文学习”。记得李校长当时提出，这个专题学习应有一个核心活动性的学习任务，以带动学生自主学习。“我们这才意识到，语文学习不能仅仅是抽象的书面文字，还可以用活动来展示成果，而且这样的活动能够让学生产生学习的兴趣。”何其书说。

出于对学生的爱，不计成本地改变自己

和许多女生一样，何其书喜欢读三毛、张爱玲的书和《红楼梦》。她生活简单，不喜欢去人多的地方，只想去博物馆看看，可“比较懒，

很少去”。周末，她宅在家里，除了不断给学生的作业提供各种反馈意见，也会做饭、搞卫生和养花。

她评价自己：随遇而安，有点儿理想主义。被十一学校的宣讲会吸引后，她来到这里，觉得真是来对了地方。她认为在学校工作才是自己特别理想的选择。“我不是那种用工资来衡量自己生活的人。”何老师说。能和那些开始认识世界、开始独立思考的小朋友沟通，交流精神层面的东西，帮助他们坚守心中的理想，“我觉得很有意义，很享受”。她常常鼓励那些看起来表现一般的学生，要相信未来有无限的可能性，千万不能用现在的状态去确定今后的终点。

我问何老师，和五年前初为人师时相比，她有哪些明显的变化。“最重要的改变，是我觉得跟学生的关系更亲近了，更理解学生了，更加包容了。”她带着满意的笑容说。最初，这位北大毕业的老师把自己作为标杆，希望学生都向她看齐，不太能理解他们不同的学习状态；而现在，她理解每个学生可以有不同的选择，不同的目标，不一定非要上北大清华，觉得成绩只要达到中上水平，若愿意把时间和精力花在别的地方，也挺好。“我也更理解做老师的责任，是尽可能在学生需要的时候帮助他。”

这种改变是怎么发生的？何老师也不清楚，“可能就是和学生相处多了，更了解他们了，慢慢形成的吧”。

从她的讲述中可以看到，改变来自反思。“慎用批评”，是何其书反思后得出的结论。作为自我要求严格，有一点儿完美主义倾向的人，最初一段时间她容易挥起批评的大棒，有时会当着大家的面，直截了当地批评某位学生。

有一次，何老师让几位小组长招募各自的组员，待第二天上课汇报时，一位平时内向、不善于表达的男生没能完成任务，面对何老师的询问一声不吭。何老师火了：这么简单的任务，怎么能完不成？她严厉地批评了那位男生，还自认为平时与他关系很好，男生应该能理解这种批评。没想到，男生反应激烈，完全不能理解何老师的意图，以至于在后来较长一段时间里，他都带着抵触情绪走进语文教室，一不如意就认为是何老师故意为难他。

何其书把这次经历视为教师生涯的“里程碑事件”，做了认真的自我反思。“学生是多种多样的，老师要做的是结合学生的个体特点，以他们能够理解的方式，给他们适合的帮助。”她说，“我们的任务绝对不是制造矛盾。”她甚至认为，老师最重要的品质就是包容和公正。

她理想中的师生关系，不是表面亲昵，而是互相尊重、平等沟通、彼此坦诚。她不怕学生反对她的看法，而怕他们不愿向她表达真实的想法。当有学生在饮水机上放一张叮嘱何老师注意身体的小卡片，或从高中部跑来帮她做值日、和她聊聊天，或者与她分享家长都不知道的情感经历时，何其书身为教师的幸福感就会油然而生。

她的改变还来自“基于标准的学习”，它使得个别化的教育成为可能。尽管何其书坦陈，要兼顾课程标准和个别化，实在是太难了。

之前何老师很强势，“怎么学，你们跟着我就行了”。但在那种课堂里，“只能看到结果，看不到学习的过程”，老师很难关注到个别的学生。当学生有大量机会自主学习的时候，老师从台前退居幕后，从主导者变成学习行为的观察者、支持者，可以走到学生身边，他们暴露出的问题和闪光点，马上就能发现。连表扬学生，也更能得到对方的认同，因为它变得具体而真诚起来，不像之前，是高高在上的老师的视角，难免给学生空洞之感。

在何其书眼里，这种个别化不仅是由老师实现的，很多时候更是由学生们的同伴完成的。更多的小组合作，让同伴之间的带动、评价和纠正作用得以发挥。

回顾这几年在十一学校的经历，她说：“我没考虑过自己能获得多少钱、多少荣誉。我就像同事们那样，出于对教育的信仰，出于职业道德，出于对学生的爱，不计成本地改变自己，通过帮助学生更科学地学习获得幸福感。”

在十一学校，何其书最大的感受是，它的文化里，“学生是最重要的”。他们之所以要披荆斩棘地进行学习的变革，也是为了帮助学生更好地获得自主学习和终身学习的能力。这所学校对学生的好，会超出很多人的想象。有学生喜欢爬树，学校就专门在树上建了个树屋，好让他们爬上去后有地方待；有学生喜欢挖土，会忍不住在小花园里倒腾出一个大坑来，学校就专门圈出一块地，供他们自由自在地开垦。

（原载2020年第4期《新课程评论》，收入本书时略有改动）

“砸钱找罪受”的马术女孩

北京姑娘田雨无数次从马背上摔下来，最严重的一次，马一头栽下，她飞了出去，撞在障碍架上，昏迷了 20 多分钟。醒来后，田雨忍着剧烈的疼痛，又骑上马，跳过了眼前一米多高的障碍物。她说：“必须跳过去，不然会在马的心里留下阴影。”

17 岁的田雨戴着头盔，穿着帅气的骑士服，一跃上马，显得英姿飒爽。与风采伴随的是高风险，田雨多次目睹马术运动员摔死的惨剧。她的母亲在现场甚至不敢观看女儿的比赛，蹲在地上发抖，有时还会吓哭。“她怕我受伤。”田雨说，“这是我的选择，不管多难，我都得走下去，不会后悔。”

马术“让我学会包容和尊重生命”

田雨兴趣广泛，喜欢音乐、舞蹈、登山和滑雪等，凭借聪慧的天资和优越的家境，她完全可以选择一项毫无风险的特长，并可能做到出类拔萃。但这个小女孩从 4 岁起就爱上了马术，用她妈妈的话说，简直是疯掉了，“我也只能跟着发疯，为了圆她的梦”。田雨希望通过自己的努力，让五星红旗在奥运赛场上升起。她 12 岁那年第一次参加全国马术大赛，打进个人决赛，此后，获得过国际马术大师赛冠军、中韩青少年俱乐部对抗赛个人冠军、国际马联场地障碍世界杯中国联赛 120cm 级别个人冠军等多项大奖，是中国马术界一颗耀眼的新星。

在很多人眼里，马术只是一项有钱人的运动。这是一种误解，田雨说："马术锻炼了我的意志，让我学会包容和尊重生命。"

马的智商相当于3—5岁的孩子。一匹马来到你身边，你就要像对待一个孩子一样，为它的一生负责。田雨说，她每天要做的，除了训练，还包括照顾好自己的两匹马，让它们感到放松和快乐。

在酷热的夏天，田雨跳下马背后的第一件事，不是脱掉可以拧出水的皮马裤，而是给马洗澡，帮它擦干身体，把每一根毛梳得顺顺溜溜，并抠出嵌在马蹄里的石子、泥土等杂物。马每次拉的粪便，她都要清理干净。她每周要给马做一次全身按摩，每天早上6点起床给马喂料，夏天的清晨，她会牵着马去吃点儿带露水的小青草。马的胃口很好，一天要吃3顿料、4顿草。在食料中，田雨会拌上七八根小胡萝卜或几个苹果，以及各种保护肠胃、关节的添加剂。

这些烦琐的事情可以请一个马工来做，但田雨说："如果你想成为一名好的职业骑手，这些事你必须自己完成，因为这是你和马培养感情的最好时机。你平时对马好，马才会在比赛那短短的几十秒内帮你。"为了更好地和马沟通，她基本不戴手套，"手不知道磨掉几层皮了，还有冻疮，几乎每年都会犯"。

"马对我意味着什么？"田雨微笑着说，"它们是我的家人，是我的兄弟姐妹。我愿意用生命保护它们。反过来，它们也愿意这样对我，我们之间有百分之百的信任。"

"马如果对你没有感情，它跑到一米多高的双横木面前时，就会停在那里，而不是跳过去。"在今年的一次训练中，田雨骑的马在距离双横木一米左右的时候就腾空一跃，很费劲地跳了过去。教练看到了，赞叹："真是好马，你的马真帮你。"

田雨12岁时有一次参加队友的晚宴，刚拿起叉子，就接到电话："你的马肚子疼，不肯打针，也不吃东西。""我疯了似的跑过去，抱着它哭：'求求你让我们救你，不然你会死的。为了我，打针好吗？'"那匹马用蹄子刨地，不停地回头看自己的肚子，在深秋的夜晚，它疼得浑身是汗，想在地上打滚。田雨用鞭子轰它走动，如果打滚，马的肠子会打结。"我用手抱着它的头，捂着它的眼睛，一直和它说话，帮助医生打完了针。一个多小时后，它喝水了，我特别高兴。”田雨说，“我坐在马厩门口，看了它一宿，它也看着我，眼睛挤成了三角，特别可怜的样子。”这时的田雨就像一个母亲面对患病的孩子一样，很不放心。

她喜欢和马聊天，坐在一个伸手就能摸到马头的地方，用英语轻柔地数落它：“你不懂事，你越来越矫情了。”——这时候，马也不吃草，温顺地看着小主人，它的耳朵往前翻，表明自己正在听她说话。

“我虽然累，但很快乐，没有什么比这个更重要的了”

在母亲和老师看来，田雨是一个特别能吃苦的孩子，她认准的事情，就会下决心去做。“她受了很多苦，比其他孩子经历了更多的事情，包括批评、摔跤和流泪。”老师说，“她的马术教练告诉我，田雨拥有在逆境中奋起直追的勇气与能力，这很难得。”

妈妈开玩笑说，田雨是在“砸钱找罪受”，家里花在马术训练上的钱，田雨以后即便不工作，也够她生活一辈子了。但这不重要。“如果马术不能给我带来快乐，我早就放弃了。”田雨说，“我虽然累，但很快乐，这也是妈妈对我的希望，没有什么比这个更重要的了。”“表演时间到！”每次进场，她几乎都会这样说，教练也会笑着叮嘱她：“玩得开心点儿！”

田雨的另一个身份是北京十一学校的高三学生。没有像其他专业运动员那样早早结束自己的学校生活，相反，她渴望并喜欢上了学习。不过，她的初中生活有点儿不堪回首。那时候，她要把大量的时间用于马术训练和比赛，但学习进度和普通学生没什么区别。初中生田雨对学习没多大兴趣。她始终处于疲于奔命的补课状态。每天训练结束后，“做题做到一脑子糨糊，连家人插嘴问我一加一等于几，都不知道怎么回答”。

“特长突出，学业成绩也比较优秀”的田雨，因为对马术的热爱，和在这项运动中表现出的担当、谦虚、坚韧等品质获得了十一学校的青睐。“她在马术特长上的发展需要走一条与其他同学不一样的道路，需要更大的时间自由度和符合她发展需要的个性化课程设置，十一学校可以满足她的需求。”副校长田俊说。田雨总算从繁重的学业负担中解放了出来，可以自主学习，训练和比赛的时间也得到了保证。

她进入了十一学校的枣林村书院，这家书院试图通过个性化的课程、一对一的教学，为那些有突出特长并且极具发展潜质的学生提供适合的教育。譬如田雨的英语学习，就淡化了语法，而强调口语和听力。书院院长单独给她上历史课，对历史中的重要事件、重要人物，不要求她死记硬背，只要知道来龙去脉就行了。检测田雨学习的成果，不是靠试卷，更多的是在师生的对话中完成。

书院院长对这名学生的表现很满意。他说，田雨有强烈的学习欲望，也适合学文科，对英语、阅读、写作都有兴趣。她的文字功底不错，还能说一口流利的英语，并略懂有关马术专业的荷兰语、德语和西班牙语。

这位在马场上驰骋的小姑娘，平时显得比较安静，闲暇时喜欢待在家里看看历史、哲学类的书，偶尔会和朋友们出去唱歌、逛街。“这样的运动员，即使没有拿到奥运冠军，也没有关系，因为她能健康幸福地生活。”老师说。

（原载 2012 年 12 月 3 日《中国青年报》，收入本书时略有改动）

不愿只在想象中学习

李雨晗：高中毕业于北京十一学校，为该校“年度荣誉学生”，曾暂停国内学业，赴美交换学习一年；本科毕业于北大政治学、经济学与哲学专业，作为学生代表在北大建校 119 周年纪念庆典上发言。她曾是世界自然基金会中国区的实习生、参与巴黎联合国气候变化大会的青年代表。在巴黎政治学院做交换生时，她协助学生组织“难民帮助”的社交媒体运营。

2017 年 7 月，她放弃牛津大学等世界名校的录取通知书，来到青海省三江源地区，成为山水自然保护中心的研修生。其间，她获得 2017 年度罗德奖学金，中国仅 4 人获此奖项。

2017 年 11 月 24 日，在李雨晗的带领下，我喘着粗气爬上了青海玉树一座海拔 4500 多米的山头，宽阔而迷人的昂赛大峡谷展现在眼前，碧绿的澜沧江从中穿过，在它的两边是连绵不绝的群山，以及山里踪迹难觅的雪豹、棕熊和猞猁。对李雨晗而言，眼前这些看得见和看不见的景物，有着不可抵挡的魔力，把她吸引了过来。

选择到青海省三江源地区，“亲历一线的保护工作”，李雨晗放弃的是来自牛津大学、哥伦比亚大学和杜克大学的录取通知书。

在北大建校 119 周年庆典上，她第一次说出自己的这个决定。会后，一位老人走到台前找到她说：“姑娘，你的决定是错的，你将来一定会后悔的。”

李雨晗曾是北京十一学校的“年度荣誉学生”，一栋红色的教学楼上还挂着她命名的“容光钟”。2017 年 5 月 4 日，她又作为毕业生代表，在北大建校 119 周年庆典上发言。

按照罗德奖学金的说法，李雨晗是中国最优秀的学生之一。12 月 2 日，她获得了这个“本科生的诺贝尔奖”。她是山水自然保护中心的研修生，在青藏高原管理着三江源国家公园内第一个科学研究站。评奖方称她“帮助培训当地家庭进行生物多样性监测，解决人兽冲突，以及开展各种自然保护与社区发展活动”。

李雨晗去三江源，不是要完成某项壮举，而是“要对自己将来做的事有深刻的实地了解”，“从人类社会的视角理解动物保护的问题”。在北大元培学院读政治学、经济学与哲学专业时，她确定要把动物保护作为终生的事业。“对我来说，去三江源要比今年去上学更重要。”李雨晗说。她想看到一件事情具体的样子，不愿意只在想象中学习。

在十一学校时，这个女孩就明白了：自己的人生不需要急吼吼地过——赶快读完书，赶快找个好工作，赶快挣大钱——从漫长的人生来看，晚一两年没有什么。当许多学生按部就班地朝着高考走去，她却中断了高二的学业，在学校的支持下参加国际交换生项目，在美国待了一年，这段经历改变了她对时间的看法。

7 月 18 日来到青海省杂多县后，李雨晗很快迷恋上了这个地方。这里有壮美的丹霞地貌、极其丰富的野生动物资源，是三江源国家公园的腹地。她对藏民与干部的认知，也在刷新，“他们特别好，特别用心保护环境，与他们一起工作很幸福”。

她在藏民家住了一周，得到了“特别舒服的对待”，和他们一起吃糌粑，拴牦牛，走亲戚，上山采蘑菇，“了解他们的生活，也让他们了解我的想法”。

她与同事开车翻山越岭去找牧民，入户调查野生动物捕食牲畜的情况、对外人进来参观的态度、是否想当监测员参与保护工作、如何处理垃圾等问题。

杂多县盛产虫草。李雨晗问藏民：“如果有一天虫草消失了，你们怎么办？”听到这个问题，他们往往会一愣，然后笑着说：“那我们就继续放牧吧。”

她发现每家每年都会有几头牦牛被雪豹等动物吃掉，“吃了就吃了，他们已经习惯了，牛必定会有一部分被野生动物给吃掉”。

李雨晗她们对雪豹的浓厚兴趣引起了一些牧民的纳闷：“你们为什么这么关注雪豹而不去关注岩羊？”因为，“在他们眼里所有生命都是平等的”。

藏民们“非常安详，一点儿也不着急”的生活让李雨晗很受触动。在这里，她看到了人与动物、自然的和谐与平衡。这让她意识到自己之前的一些想法是错误的，譬如要把一个地方保护起来，不可以有太多家畜，最好没有人在那里生活。“牧民住在他该住的地方，继续他世世代代放牧的习惯，可能是保护这个地区最好的办法。”李雨晗说。他们似乎天生就有保护动物的基因。

很多藏民没有读过书，但不影响他们具备良好的自主管理能力。在李雨晗负责的工作中，选谁做监测员负责红外相机的安装和回收，如何确认藏民家的牛羊是被野生动物吃掉的、该怎么赔偿，挑选哪些家庭接待外来的自然体验者，等等，都由社区内部协商确定。

“只要是在社区内部讨论的结果，他们会很有动力去遵守。我们所做的事情，就是鼓励和帮助当地人保护好环境，尊重他们，赋予他们保护家乡的知识和技能。”李雨晗说。这样以当地人为主体的保护行为才能持久。

11 月 24 日，在玉树昂赛乡零下 15 度的夜晚，她和两名志愿者就睡在乡政府的食堂兼招待室的长条沙发上，沙发的宽度恰好够她平躺下来。当四周陷入黑暗和寂静时，火炉里残存的热气与空气中飘荡的羊肉味搅和在一起，使得食堂成了乡政府最暖和的一间屋子。“我们这几天在乡政府白吃白喝白住，但是一定不会觉得难为情。”李雨晗笑呵呵地说，“大家已经把我们当自己人了。”

不管是藏民还是干部，大家都乐意与这位性格爽朗、喜欢哈哈大笑的北京姑娘交往，很多人成了她的微信好友。一位 13 岁的藏族女孩经常给她发语音信息，还与家人一起，把雨晗手机里的6000多张照片看了个遍。

尽管与藏民语言不通，聊得驴唇不对马嘴，李雨晗也会乐呵呵地聊下去。她认为，很多事情要主动去看才能看得到。在十一学校时，她曾负责接待一批获美国总统奖的来访学生。他们告诉雨晗，到一个新的环境后，最重要的是要主动和别人说话，否则，别人可能会以为你害羞或尊重你而不与你说话。“我发现他们这样做，能交到很多朋友。”

“对多元文化和新环境的包容与适应，也是十一学校教给我的。”李雨晗说。在中学时有很多机会与不同文化背景的人交往，学到了怎样与他们沟通，怎样彼此尊重成为好朋友，怎样把有争议的话题理性地表达出来。

当地工作人员的高效也让李雨晗印象深刻，“我们是在同一个方向上使劲”。不管是需要整理人兽冲突的资料，还是要找当地人翻译，召集村里的监测员们开会，或者提出某项建议，李雨晗和同事们都能得到县乡干部的及时回应和帮助。

在三江源，李雨晗不会有来自大城市的优越感。“我完全不会这样想，就是来向他们学习的，他们对当地的知识是我没有的。”

真诚和友善会克服语言的障碍，打动彼此。经常有牧民把一袋牛粪或酸奶送到工作站来，或者兴冲冲地敲门，告诉他们，看到了一只雪豹。正是在牧民的指引下，10月15日，李雨晗在一座“特别高的山上”，通过单筒望远镜，在大约800米外的一堆石头中看到了雪豹的脸，“特别特别美”。她心花怒放，与同伴们在大雪纷飞的山上待了两个来小时，不时把眼睛凑到相机上。雪豹有时候在睡觉，有时候起身去吃几口逮到的岩羊。这一天，李雨晗竟然见到了7只雪豹，其中有3只是从他们的车前蹿过去的。

11月初，李雨晗在工作站过了一周没有电、没有火炉的“凄惨生活”，每天冻得哆哆嗦嗦，只能靠晒太阳取暖。昂赛乡的书记知道后，给他们送去了一个炉子。雨晗她们兴高采烈地去捡牛粪，一激动就发到了微信朋友圈，被杂多县县委书记看到了，第二天，乡里就来人把一车煤送到了工作站。

她所在的工作站坐落在一片平坦的草地上，有一个“特别大的落地窗”，窗外就是奔流不息的澜沧江。还有一个大大的玻璃顶，晚上躺在下面可以看到璀璨的星空。“卫生间则是广阔的天地，左边的小树林是男厕所，右边的小树林是女厕所。”李雨晗笑呵呵地说，“条件还是挺好的，没有想象中那么恶劣，只是不能洗澡，这个克服了就好。”每次野外工作结束，她会坐车四个来小时，回到玉树市区的工作站洗个澡。

李雨晗出生在大学教师家庭，从小沐浴自由之风，即便是在小学，父母也会给她自己选择的机会，从来不会干涉。对于孩子的玉树之行，父母只是有点儿担心女儿“别一去就上了瘾，待个三五年”。至于安全问题，他们并不担心。

危险屈指可数：一次，是出野外，天降大雪，路面结冰，一路开得特别小心，害怕冲下悬崖；一次，是回到工作站却没有钥匙，瓢泼大雨，雷电交加，周围一片漆黑，没有人烟，在等待同事回来的几个小时里，李雨晗待在车里，“生怕一个雷劈过来”。还有一次是虚惊一场，他们回到工作站后，发现玻璃门碎了，以为是熊来了，“特别害怕”，后来发现原来门是被牦牛顶坏的。经此一吓，他们把工作站的门窗都加了一层铁皮。那里的牧民，几乎每家门窗都被熊扒过。

李雨晗从小喜欢动物，在北大还加入了流浪猫关爱协会，给 42 只猫找到了家，但直到大四遇到保护生物学教授吕植及其创立的山水自然保护中心，她才明白，“对动物的这种喜欢，可以成为一项毕生追求的事业”。在大四，李雨晗选修了吕植教授的一门课，每周与一群博士生讨论各种与保护有关的议题。

喜欢看书和旅游、不看电视剧和动漫的李雨晗敢于放弃牛津选择三江源，还得益于她的学校经历。“把想法转化为行动，是需要一点儿勇气的。”她说。十一学校给了她向前闯的勇气，“一次次活动与经验的积累，会让你明白你的一些想法是可以通过努力变成现实的”。

在她眼里，北大和中学母校很相似：提供了很多可能性，又能帮助你实现这种可能性；不用单一的标准去要求人，而是鼓励你多元发展和探索。

从 2018 年 9 月开始，罗德学者李雨晗将在牛津大学深造生物多样性、自然保护和管理的硕士学位。但她“在这里待不够，回到玉树市区就不自在，就想出野外”。在一篇文章中，李雨晗写道：“这几个月来，渐渐地我可以自己独立爬山，学会了如何不熄火几十次地把越野车开上路，也学会了如何在冰天雪地中捡牦牛粪生火做饭。渐渐地，有人会把我认成藏族姑娘，我想这是一个好的变化，说明我和这片土地越来越熟悉了。”

（原载 2018 年 1 月 10 日《中国青年报》，收入本书时略有改动）

后记

这部书稿收尾时，正是我开启人生下一个 40 年之际。我想先回顾几个片段。

片段一

那时我还不到两岁。在大年三十，天还没亮的清晨，我们一家四口围坐在荡漾着红蓝色火苗的炉灶周围，吃着母亲更早时候起床做的饭菜（老家习俗，大年三十一大早吃团圆饭）。我突然从饭碗里抬起头，嘟噜着说："妈妈，我要考大学。"母亲反应敏捷，欣喜地接过话来："好！考大学，上北京！"

从我读书起，一直到工作后，我多次听母亲骄傲地向亲朋好友讲述这件事。有人觉得不可思议：一个不到两岁的小孩会说出那样的话？如今，我虔诚地相信，在那个大年三十的清晨，尽管外面的世界还笼罩在一片寒冷与黑暗中，但母亲一锤定音，明确了我人生的路。

我从没问过母亲，不管家道多么艰难，她和父亲即便砸锅卖铁也要送我读书，是否与此事有关。但我知道他们朴素而坚定地相信：只要孩子愿意读书，就要一直读下去。

片段二

读六年级时的一个夜晚，我起床上厕所，刚走几步，突然倒在了地上。我出现了高烧、全身酸痛无力等症状。第二天一大早，母亲就把我送去了离家 30 公里外的县人民医院。我被诊断患上了钩体病，一种急性全身性感染性疾病。我在住院的一周，见到了两个和我同病相怜的人——一个60多岁的老人，一个和我差不多同龄的女孩——头天还好好的，第二天就离开了人世。那是我第一次离死亡那么近，却不知道害怕。

但母亲是感到后怕而庆幸的，因为医生告诉她，如果再晚一天把我送到医院，命就危险了。我也一直没有问过母亲，面对我表现出的疑似重感冒的症状，当时她为何当机立断地把我送去了县人民医院，而不是找乡村医生？

小时候，母亲带我看过很多次乡村医生。印象最深的是一个深夜，四周一片漆黑，母亲打着手电筒，腰上别着一把壮胆用的柴刀，背着发高烧的我，费力地翻过梯田状的土坡，从一个黑魆魆的岩洞口经过（我们白天路过那里时，望着那个黑洞，都会心生寒意），敲开了隔壁村一位乡村医生的门。

片段三

2003年7月，我如母亲所言，终于来到了北京，第一次走进了中国青年报社那个与其名气很不相称的朴素的院子。我是这家报社的不速之客，不认识其中的任何一个人，唯一的联系是，我是她的读者，并以一个新闻传播学院在校研究生的身份，在几个月前很冒昧地给报社经济部主任打过电话，发过邮件。我希望能到《中国青年报》实习。

这一次，我就是主动上门来争取实习机会的。

但那个我唯一直接联系过也不知道长啥样的经济部主任外出开会了。我请报社一楼大堂的接线员大姐帮我拨通负责实习生工作的办公室电话，她真的这样做了。而我竟然在电话中无礼地恳求："我对贵报神往已久，这次从五环之外坐了3个多小时的车来到这里，您能让我进去看一眼吗？就一眼。"其实，这一眼背后藏着我的"得寸进尺"。办公室老师挡住了我这个冒失鬼，但很友善地给了我希望：8月中旬再联系，那时有实习生要结束实习，可能产生空缺。

我准备离开，偶然听路过的记者聊到，经济部主任下午可能会来报社。

几个月前，这位主任在电话中的热情、和善让我对实习机会满怀希望。我决定等下去。

两个多小时过去了，主任没有出现。我听到接线员大姐在电话里不知对谁说了句“兰州大学的那个学生还在等”。当我蹲在地上给主任写留言条时，有人问：“兰州大学的学生在哪儿？”我连忙站起来，问话的是报社办公室的老师。“我从来没见过像你这么执着的。这样吧，你下周一给我打电话……”她说。

就这样，我争取到了实习机会，虽然不是计划中的经济部，而是被分配至教育科学部。这次被动的“分配”后来让我发现了自己最感兴趣的领域。

如今，回想起这一幕，我依然会感动。一个没有任何人脉的农家子弟，能够有机会进入中国青年报社工作，与这些善良的陌生人有关。比如，那位有着恻隐之心的接线员大姐、报社办公室和善的吕老师，我至今也不知道，她为何会从四楼的办公室走下来找我。

片段四

我原本可以早一些见到希贵校长。那是在 2008 年汶川地震后，我协助部门策划一场研讨会，中国青年报社邀请的嘉宾中有李校长的名字，但他有事未能出席。等有机会见到他，已是 2010 年的冬天，在京城举办的有关教育制度创新的高峰论坛上，他远远地站在台上。

当时的北京十一学校还没有引起我的注意，但希贵校长的发言让我眼前一亮，感觉此人非同一般。我在题为《教育改革需要英雄引领》的报道中，较大篇幅地引用了希贵校长讲的故事和观点，并把刊有这篇报道的报纸和我的名片装进中国青年报社的专用信封里，寄给了他，算是做一个简单的自我介绍。希贵校长在潍坊工作期间，已是基础教育界的风云人物，但我工作前几年的关注重点在高校和其他领域，并没有注意到他。我只是从他的发言中感觉到，这是一位很值得认识的校长。事实上，希贵校长是否收到了那封装有报纸的信，我并不知道。

几个月后，在一次会议的闲暇时段，我们终于面对面了。一听到我的名字，他的反应让我感到被重视，很舒服，似乎他已经注意到我。从此，我开始了与十一学校的不解之缘。

人生就是由这样一个又一个的片段组成的，它们之间看起来似乎没有什么联系，实际却环环相扣。如果我的父母不相信教育改变命运的力量，如果我的母亲没有及时把我送到县人民医院，如果我初到中国青年报社遇到的是冷漠，如果我不去主动争取、耐心等待……其中任何一个“如果”发生，都不会有接下来的故事：我可能没有机会长大，可能没有机会读大学，可能没有机会成为《中国青年报》的记者，可能没有机会遇到希贵校长和十一学校，也就不会有这本书。

写这本书的八年里，我的人生轨迹也发生了较大的变化，从一名记者变成了教育创业者、学校变革的助推者。正是在报社的工作经历，让我找到了可以终生投入的领域。我受益于《中国青年报》的培养和影响，也享受新的事业带来的挑战和意义感。这种享受又部分源于十一学校，她丰富了我对教育的认知、理解和想象。

这八年里，我还从一个孩子的父亲变成了两个孩子的父亲。

在老大不到一岁的时候，我因为照顾罹患重病的母亲，曾连续一个月不在家。当我走进家门时，孩子的妈妈正抱着他排便，听到我的声音，小家伙转过头，朝我灿烂地笑，那一刻，我的心都化了。

在老二四岁的时候，有一个晚上我陪他睡觉。黑暗中，他突然搂着我的脖子，哽咽着说：“爸爸，我不想你死，我要你一直陪着我，老了也要陪着我，到 100 岁、1000 岁了也要陪着我。”那一刻，我的心也化了。

这本不成系统，由零散文章组合而成的书，我最想将它作为礼物送给两个儿子，希望他们接受适合的教育，并成长为最好的自己。

感谢我工作过 11 年多的中国青年报社，是她给了我离开的底气和勇气。我在报社三个部门（教育科学部、冰点周刊、评论部）的学习和历练，使得我习惯用跨界的视角去观察和思考教育。感谢堵力、杜涌涛、谢湘、冯雪梅、董时、李丽萍、吴湘韩等诸位师友的指导和关心。我以自己是“中青报人”为荣。

感谢希贵校长，读他的书，听他的话，观他的行，我总能获得启迪和力量。尤其是当我遇到困惑与纠结时，我会提醒自己：如果是希贵校长，他会怎么做？他会希望怎么做？

感谢杨雄老师提供的支持和帮助，我们在工作中发展了值得珍惜的友谊。感谢十一学校所有接受过我采访的师生，他们的友善与优秀让我受益匪浅。感谢源创图书吴法源兄，他对品质的坚守也鼓励了我。感谢编辑郭晓娜老师、李玲老师，她们用耐心与专业美化了这本书。

我的父亲，在母亲离开后的日子里，默默地面对一切。他的坚强、自理生活的能力，让我惊讶和愧疚。我的岳父、岳母，尽心尽力地照顾两个孩子和我们的日常生活，为我免去不少后顾之忧。而我大学时的女友、两个孩子的妈，一边工作一边读博一边陪伴孩子们，为我树立了说到做到的榜样。感谢我的家人们。

图书在版编目（CIP）数据

改变世界，以教育的方式：北京十一学校变革启示录／李斌著. —上海：上海教育出版社，2020.8（2022.8重印）
ISBN 978-7-5720-0306-6

Ⅰ. ①改… Ⅱ. ①李… Ⅲ. ①中学教育—教学改革—北京 Ⅳ. ①G632.0

中国版本图书馆 CIP 数据核字（2020）第 144481 号

策　　划　源创图书
责任编辑　董　洪
特约编辑　吴法源　李　玲
责任印制　梁燕青
内文设计　许　扬
封面设计　奇文云海

Gaibian Shijie, yi Jiaoyu de Fangshi: Beijing Shiyi Xuexiao Biange Qishilu
改变世界，以教育的方式：北京十一学校变革启示录
李　斌　著

出版发行　上海教育出版社有限公司
官　　网　www.seph.com.cn
地　　址　上海市闵行区号景路159弄C座
邮　　编　201101
印　　刷　北京华宇信诺印刷有限公司
开　　本　710×1000　1/16　印张　11.5　插页　1
字　　数　160 千字
版　　次　2020 年 8 月第 1 版
印　　次　2022 年 8 月第 3 次印刷
印　　数　20，001—24，000 本
书　　号　ISBN 978-7-5720-0306-6/G · 0226
定　　价　49.80元

如发现质量问题，请向本社调换　电话 021-64373213